"中国劳模"系列丛书

中国劳模

祁巷蝶变的"领头雁"

丁雪其

王雷◎著

吉林出版集团股份有限公司
全国百佳图书出版单位

图书在版编目（CIP）数据

祁巷蝶变的“领头雁”：丁雪其 / 王雷著. 长春：吉林出版集团股份有限公司，2024. 9. -- (“中国劳模”系列丛书 / 徐强主编). -- ISBN 978-7-5731-5458-3

Ⅰ. D263

中国国家版本馆CIP数据核字第20240RH454号

QIXIANG DIE BIAN DE “LINGTOU YAN”: DING XUEQI

祁巷蝶变的“领头雁”：丁雪其

出 版 人　于　强
主　　编　徐　强
著　　者　王　雷
组稿统筹　东北师范大学文学院创意写作研究中心
责任编辑　王丽媛
助理编辑　张碧芮
装帧设计　张红霞

出　　版　吉林出版集团股份有限公司
发　　行　吉林出版集团社科图书有限公司
地　　址　吉林省长春市南关区福祉大路5788号　邮编：130118
印　　刷　唐山富达印务有限公司
电　　话　0431-81629711（总编办）
抖 音 号　吉林出版集团社科图书有限公司　37009026326

开　　本　710 mm×1000 mm　1 / 16
印　　张　9.5
字　　数　120 千字
版　　次　2024 年 9 月第 1 版
印　　次　2024 年 9 月第 1 次印刷

书　　号　ISBN 978-7-5731-5458-3
定　　价　58.00 元

如有印装质量问题，请与市场营销中心联系调换。0431-81629729

序 言

劳动创造财富，劳动创造幸福，劳动创造未来。习近平总书记在2020年全国劳动模范和先进工作者表彰大会上的讲话中指出：“全社会要崇尚劳动、见贤思齐，加大对劳动模范和先进工作者的宣传力度，讲好劳模故事、讲好劳动故事、讲好工匠故事，弘扬劳动最光荣、劳动最崇高、劳动最伟大、劳动最美丽的社会风尚。”当今世界，综合国力的竞争归根到底是科技人才和高素质劳动者的竞争。改革开放以来，我们强大的工人队伍用辛勤的劳动和拼搏奉献的精神推动中国制造、中国智造、中国创造走向世界的前列，新时代的中国面貌日新月异。大力弘扬劳模精神、劳动精神、工匠精神，加强高素质技能人才队伍建设，打造一支宏大的知识型、技能型、创新型劳动者队伍，是伟大时代赋予我们的历史责任。

劳动模范是民族的精英、人民的楷模，是共和国的功臣。自改革开放以来，广大职工勇立改革潮头，独立自主，奋发图强，勇于创新，其中涌现出一批批全国劳模和大国工匠。他们参与建设了代表中国高度、中国速度、中国深度的一系列重大工程，提升了国家实力，打造了“中国名片”，树立了“中国品牌”，增添了“中国力量”，充分释放出工人阶级的创新活力，展示出大国工匠的强大创造力。他们以工人阶级的满腔热忱在各自平凡的工作岗位上取得了辉煌的成绩，书写了新时代的壮丽篇章。

爱岗敬业、争创一流、艰苦奋斗、勇于创新、淡泊名利、甘于奉献的劳模精神，崇尚劳动、热爱劳动、辛勤劳动、诚实劳动的劳动精神和执着专注、精益求精、一丝不苟、追求卓越的工匠精神，是广大劳动群众在社会生产实践中锤炼形成的弥足珍贵的精神财富，是工人阶级伟大品格的具体体现，是民族精神和时代精神的生动诠释。民族复兴需要劳动模范，祖国强盛需要大国工匠，中国制造、中国智造、中国创造更需要大国工匠的强有力支撑。劳模、工匠等的成长故事、先进事迹中承载的劳模精神、劳动精神和工匠精神，是激励全国各族人民团结奋斗、勇往直前的强大精神力量。

“中国劳模”系列丛书，采用图文结合的方式，讲述全国劳模、大国工匠和先进工作者们的成长经历及他们追梦、筑梦、圆梦的故事，用他们在平凡岗位上创造不平凡业绩的真实故事感染读者，推动形成劳动最光荣、劳动最崇高、劳动最伟大、劳动最美丽的社会风尚，引导广大技术工人和青少年形成劳动光荣、技能宝贵、创造伟大的观念。

“匠心筑梦，强国有我。”新时代是一个万象更新、生机勃勃的时代，也是一个继往开来、创新创业和建功立业的大时代。希望广大读者能以劳动模范为榜样，以大国工匠为楷模，立志技能报国、技术强国，踔厉奋发，勇毅前行，锤炼思想品格，汲取劳动智慧，勇于担当、勤于钻研、甘于奉献，为推进新型工业化和乡村振兴，为加快建设制造强国、质量强国、航天强国、交通强国、网络强国、数字中国、农业强国，全面建设社会主义现代化国家贡献青春力量。

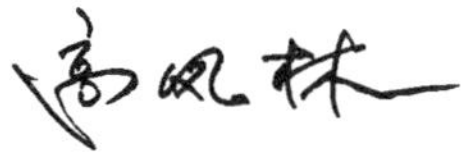

中华全国总工会副主席（兼）

中国航天科技集团有限公司第一研究院

211厂14车间高凤林班组组长

2022年11月

扫码解锁

◉群英颂歌◉振兴先锋

◉共同富裕◉奋斗底色

传主简介

丁雪其，中共党员，1964年7月出生在祁家巷（2001年，祁家巷与丁庄、东小坞、周堡合并为一个行政村，并称“祁巷村”）一个普通农民家庭。现任江苏省泰兴市黄桥镇祁巷村党委书记兼村委会主任。2020年11月，他被评为“全国劳动模范”。

丁雪其自幼因患小儿麻痹症，右腿落下残疾，难以独立行走，但他意志坚定，自强不息。他16岁辍学打工，22岁和父亲丁学中一起创办家庭作坊“光华猪鬃制刷厂”，33岁成立“泰兴市学中猪鬃制刷有限公司”（以下简称“学中公司”）。至2001年，学中公司年产值逾6 000万元，产品远销10余个国家和地区，企业规模居全国同行前列。

2001年，丁雪其被祁巷村全村3 600多名选民用

“另选他人”的方式，以96%的比例，高票当选村委会主任。在学中公司年产值快要提高到亿元的关键时刻，他“盛情难却”走马上任。当时，祁巷村负债286万元，丁雪其用学中公司的资金维持村委会日常开支，把公司部分业务交给村民代加工，让村民获利，赢得了村民的爱戴。

身为残疾人，丁雪其二十余载如一日，致力于乡村振兴，实施祁巷振兴“四部曲”——推行“一村一品”、发展高效农业、打造旅游景区、进军研学培训，使负债的经济落后村转型为以乡村旅游和研学培训为主营业务的特色村，引领村民快速致富。在发展过程中，祁巷村先后获得“全国文明村”“全国乡村旅游重点村”“中国美丽休闲乡村”等30多项国家级荣誉。

丁雪其带领祁巷村探索出了一种由“老区贫困村”蝶变为“中国美丽休闲乡村”的“祁巷模式”，他也成了远近闻名的做起乡村振兴的“领头雁”。

目录

引子

江苏千年古镇泰兴市黄桥镇南首，分界镇西，珊瑚镇北，有村名曰祁家巷。祁家巷及其周边的村多以“巷”命名，“祁家巷”，顾名思义，应是祁姓人家集中居住的地方。然而，经村民反复考证，自古以来，祁家巷并无人姓祁。

祁家巷《礼耕堂·丁氏族谱》记载，“吾始祖太高太祖试宝公，偕弟叔太祖维宝公，自扬州西山迁居延令永丰东南大池头祁家巷”“自明永乐甲申年，迄今已数百载矣”。这里所说的“延令”是如今的泰兴；“永丰”是当今的黄桥；“祁家巷”就是现在祁巷村曾经的一个自然村。

村里的老人认为，比较合理的解释是，当年身为扬州盐商的祁家巷丁姓始祖迁到此地后，在“巷”前取“祁”字，“祁”表“盛大”之意，祁家巷意为“盛大的街巷”，以示对扬州老家的怀念和对新生活的祈愿。现在，祁家巷自然村90%的村民姓丁，大多为扬州西山盐商丁试宝的后人。

现在的祁巷村[①]名副“祁”实，村里遍布亭台楼阁、轩榭廊舫，处处彰显着古韵之美。民宅错落有致，墙绘色彩各异，古典中

①2001年，包括祁家巷在内的4个自然村合并后称为“祁巷村”。

透着时尚与宁静。碧波荡漾的小南湖，风光旖旎，草木葱茏。小南湖原本是一块荒废的土地，经人工挖掘后成为一汪湖水，祁巷村围绕其打造的旅游景区被评为国家AAA级风景区。

20多年来，“全国文明村”“中国美丽休闲乡村”“国家森林乡村”“中国乡村旅游模范村”“全国巾帼现代农业科技示范基地”等30多个国家级荣誉称号纷至沓来，省级荣誉称号更是多达40多个，闻名全国。

过去的祁巷村也很“出名”，不过是穷得出了名。村集体最高负债曾达到280余万元。

山穷水尽之时，身家数千万的企业老板丁雪其毅然决定回到家乡，做起乡村振兴的“领头雁”，带领乡亲们走上祁巷村的蝶变之路！

第一章　折翼之痛

1964年的季夏之初，和风渐起，轻轻拂过祁家巷的每一寸土地。昔日麦浪滚滚的田野，此刻已收割完毕，视野豁然开朗。那金黄的麦堆儿，宛如一个个安静的小山丘，静卧在田埂之上，微风过处，沙沙作响，仿佛是它们在低语，讲述着丰收的喜悦。

麦茬儿整齐，一直延伸到远方。田边树木的影子，在微风中摇曳生姿，与天边萦绕的淡淡烟霭交织在一起，形成一幅朦胧而唯美的画卷，宁静而祥和。

村民丁学中的家里，喜悦与激动如春潮般涌荡。丁学中双手轻托，怀抱着一个柔软的小生命，感受着他温暖而轻柔的气息，此刻，时光似乎放慢了脚步，连窗外的风都轻柔了许多。丁桂兰——丁学中的妻子，此时虚弱地倚卧在床榻之上，脸色虽然略显苍白，却难掩从心底涌出的温柔与幸福。她的眼眸中，仿佛有星光闪烁，那份深情与满足，仿佛能融化整个世界。

亲朋好友闻讯纷至沓来，带来各式的礼物和美好的祝福。新生命的降临，如同阳光洒满小村庄，每一个角落都洋溢着欢声笑语和无尽的希望。

这个新生命，便是丁雪其，丁家的第五个孩子。丁家夫妇希望孩子长大之后洁白无瑕、坦荡做人，便取一“雪”字，与字辈“其”字组合，名为“雪其”。

他的到来，如季夏温风，为丁家带来了融融暖意。

无力的右腿

丁雪其出生之时，家中已有两个兄长和两个姐姐。丁学中夫妇有了前四个孩子的养育经验，照料起丁雪其自是得心应手，游刃有余。哥哥、姐姐们都已经长大，他们时常帮父母搭把手，轮流抱着幼小的弟弟。他们模仿着丁雪其“咿咿呀呀”稚嫩的声音，时不时笑得前仰后合。

然而，未曾料到的是，这温馨的画面在丁雪其两岁时，骤然被阴霾笼罩！

中国民间流传着这样一句育儿俗语：“……三翻、六坐、八爬、九扶立、周会走、两岁跑……”说的是一般孩子在三个月大的时候能轻松翻身；到了六个月，他们能稳稳当当地坐着；八个月时，他们会好奇地四处爬行；九个月大时，他们能扶着东西摇摇晃晃地站起来；一周岁时，他们会迈出人生的第一步；到了两周岁，他们就能跑了……虽然每个孩子个体情况不同，但这是长久以来人们总结出的基本规律，即使具体发育时间可能存在差异，但也是相差无几的。

丁学中夫妇也是按照这个成长规律，默默地观察着丁雪其的每一次进步。从丁雪其第一次翻身、稳稳坐立，到满地爬行、蹒跚学步，他的每一个“大动作”都像是他成长路上的里程碑。这些变化，不仅给丁学中夫妇带来了惊喜，也让他们再次深深体会到了陪伴孩子成长的幸福与快乐。他们享受着与丁雪其共同度过的每一个瞬间，感受着生命的美好与奇迹。

时光飞逝，转眼间丁雪其已满两岁。按常理，这般年纪的孩童早已能跌跌撞撞地奔跑嬉戏，然而丁学中夫妇却发现，丁雪其的双腿似乎并不如其他孩子那般灵活有力，反而显得有些异样。这让他们心中涌起一股莫名的担忧，仿佛乌云笼罩在心头，难以驱散。

夫妻二人商议后，决定带丁雪其前往镇上求医。丁学中背着丁雪其，丁桂兰忧心忡忡地跟在后面。他们走在乡间小路上，阳光洒在他们身后，温暖而柔和，却无法驱散他们心中的忧虑。

医生仔细检查了丁雪其的双腿，他的眉头慢慢紧锁，面色也变得凝重起来。经过一番询问与诊断，医生终于缓缓开口："这孩子的右腿似乎有些先天不足，需要进一步检查。"

听到医生的话，丁学中夫妇的心里如同被重锤击中，他们默默地牵着丁雪其的小手，离开了诊所。抱着一丝侥幸与希望，他们带着丁雪其去更大的医院做了检查，不过，生活似乎不会轻易地开玩笑，丁雪其最终被确诊患有"小儿麻痹症"。

小儿麻痹症，学名脊髓灰质炎，是一种由病毒侵入人体血液循环系统导致的急性传染病。它如同一个狡猾的侵略者，悄无声息地潜入孩子的身体，那些一到六岁的孩童，正是它最喜欢的"猎物"。发病初期，孩子们会发热，全身不适，严重者会肢体疼痛，导致瘫痪。

丁学中夫妇带着丁雪其跑遍了附近的各大医院进行诊治，可都没有什么效果。夫妻俩到处打听哪儿有治这种病的专科医院、谁有偏方，不管是土方、秘方，还是针灸、推拿，只要有一线希望，无论路途多么遥远，无论天气多么恶劣，他们都会带着丁雪其前去求医。

经过无数次的奔波，丁雪其的病情终于有了明显好转，他基本能够自己走路了。尽管走得不稳，但付出没有白费，丁学中夫妇心中的石头也终于落地了，他们的眼中闪烁着泪光，那是喜悦的泪水；他们的脸上露出了笑容，那是久违的快乐。

可是，他们不知道的是，这份喜悦与快乐将在十四年后化为泡影。

蛰伏的噩梦

幼年时期的丁雪其，虽然腿脚不是十分灵便，但也像其他孩子一样，天真无邪，活泼好动，每天都会和小伙伴们在村子里追逐嬉戏，不知疲倦。

小朋友们一起到处疯玩儿，还有一个好处，就是可以暂时转移他们的注意力，因为那个时候的祁家巷，家家户户都很穷，吃不饱肚子是常事儿，丁雪其家也不例外。当孩童们的玩耍声随着夜色渐渐消散，饥饿感又迅速占据了丁雪其的身体，回到家里能吃到什么、能不能吃饱，那就要看家里当天的安排了。

转眼到了上学的年纪，丁雪其家里仍然贫穷。空腹上学对他而言，早已成了家常便饭。清晨，当第一缕阳光洒进小屋，丁雪其便匆匆拿上书包，饿着肚子踏上那条通往学校的小路。肚子里的咕噜声与双脚踩在土路上深浅不一的脚步声交织在一起，奏出的是一曲悲伤的乐曲。

丁雪其的书包是用几块旧布料拼凑缝制而成的，边角由于长时间磨损出现了孔洞，书角像是要从孔洞处钻出来似的；铅笔短得不能再短，几乎握不住；橡皮小得不能再小，每次要在书包里找半天才能找到。但最让丁雪其难过的是，他那生病的右腿好像又严重了，让他无法像其他同学一样参加体育活动。他只能趴在窗台上，或坐在操场边，用羡慕的眼神注视着那些充满欢声笑语的身影。

“没交学杂费的同学，明天一定要带过来！”放学前，班主任老师的提醒，让丁雪其的心再一次慌张起来。“爸爸妈妈借到钱了吗？”丁雪其思忖着，他知道家里人多，连吃的东西都是有上顿没下顿的，更别说学费了。

丁雪其曾不止一次和父母提出要退学，但母亲坚决不同意。“你身体本来就不好，再没点儿文化，将来可怎么办？怎么也得上完初中再说，如果学习还行，我们就一直供你。”母亲边扫地边说，她即使再忙再累，也要把家里打扫得一尘不染。

虽然丁雪其家境贫寒，但他的母亲慷慨大方，乐于助人。每次看到邻里有困难，她总会毫不犹豫地帮忙，有时，甚至会放下自家的活计，给邻居帮几天工。丁雪其看在眼里，心里似懂非懂，自己家里都揭不开锅了，为什么还要苦着自己去帮助别人呢？

丁雪其的幼年和童年，既有无忧无虑的快乐，也有食不果腹的痛苦。随着年龄的增长，丁雪其的自尊心越来越强，看着自己生病的右腿，他的心中总会涌起一股难以言喻的自卑。但父母常劝导他，他至少还能走路，就不算太糟糕。

然而，幼时的噩梦并没有结束，它只是悄悄蛰伏了起来。十四年后，它又卷土重来，且来势汹汹。

那一年是1980年，丁雪其16岁。

1980年春季的一天，丁雪其放了学，像往常一样和同学沿着乡间小路往家走，走着走着，他的身体突然失去了平衡，重重地摔在了地上。他爬起来，拍拍身上的尘土，自言自语道：“奇怪，怎么摔了个跟头？”因为平时右腿就不太灵便，他以为是自己走得太急，没留意脚下的石子，这只是偶然，他就没太在意。

然而，接下来的日子里，摔跟头成了家常便饭。每当丁雪其试图快走几步，就能明显感觉到右腿肌肉乏力，像失去了控制，让他狼狈地一次次摔倒在地上。丁学中夫妇也很快注意到了儿子的异常，他们知道，丁雪其儿时的病魔并没有离开，又回来了。

有过十几年前四处奔波的求医经历，这一次，丁学中夫妇冷静了许多。他们打听到有一位乡间老中医可以用针灸医治小儿麻痹症，他们便把丁雪其送到老中医家里进行治疗。

然而这一次，天不遂人愿。

在老中医家里治了一个多月，丁雪其的右腿不仅没有见好，病情反而加重，右腿逐渐萎缩，最后竟无法支撑他的身体了。从那时起，他再也不能像正常人一样行走了。

他躺在床上，望着窗外灰蒙蒙的天空，心中满是绝望。他喃喃自语道：“为什么命运要这样对待我？我只是想像正常人一样走路啊！”

父母听到他的话，心如刀绞。他们紧紧握住他的手，泪水在眼眶里打转。父亲哽咽着说："孩子，别灰心。你虽然不能走了，但还有我们，还有自己的双手和智慧。只要你肯努力，一样可以养活自己。"

母亲也擦着眼泪，鼓励道："对，孩子。你要坚强，要相信自己。我们会一直陪在你身边，支持你，鼓励你。"

生活总要继续。丁雪其虽然因为病魔失去了行走的能力，但他并没有失去对生活的热爱和对未来的憧憬。在父母的鼓励下，在哥哥、姐姐们的陪伴下，他逐渐走出了阴影。

他，要自食其力！

20千米崎岖道

五六千米的山路，对于常人而言，已是一段不短的距离，走一趟，尚且需要一定的体力。对于右腿残疾的丁雪其来说，这是他每日必须面临的挑战，而且他每天要走两个来回，加在一起就是20多千米。

16岁的丁雪其，正读初中三年级，因右腿彻底残疾，在还有一个月初中毕业时，他选择了辍学回家。面对生活无情的打击，他没有自暴自弃，而是选择走出家门，到离家五六千米外的一家猪鬃厂打工。

当时的猪鬃加工，有着一套复杂的工艺流程，包括分类、水煮、定型、压直、包装等多个环节。每个环节都考验着工人的技术与耐心，操作的难度也决定了工人的级别和工资水平。丁雪其没有任何加工猪鬃的经验，只能做学徒工，从最基础的操作学起。学徒工的工资并不高，每个月只有18.6元，但丁雪其很知足，因为他清楚自己的身体状况，这些工钱已经很不错了。

“你是个残疾人，自己要用心，要比别人多付出，这样才能生存下去。”上班路上，丁雪其的双腿如同灌了铅般沉重，身体承受着巨大的压力；在工厂里，夜幕降临，其他工人都已回家休息，丁雪其却仍在加班；凌晨时分，加班到深夜的丁雪其在黑暗中往家走，乡间小道崎岖，光线昏暗，他不止一次地摔过跟头……父母的那句话，就像晨钟暮鼓，时常萦绕在丁雪其的耳旁，鼓励着他，支撑着他。他从没有过抱怨，也未曾想过放弃。后来，父母给他买了一辆旧自行车代步，情况才稍有好转。

师傅领进门，修行靠个人。丁雪其在猪鬃厂的师傅叫陈伯坤，陈师傅对徒弟非常严厉，在教几个徒弟技艺时，并没有因为丁雪其是残疾人就放低对他的要求，有时甚至会因为他做得不好还打他几下。或许是经历过别人不曾经历的磨难，丁雪其的心智比别的孩子要成熟些，他清楚，师傅是在真心教他。

丁雪其每天默默观察着师傅的操作，努力记住每一个步骤和细节。他知道，只有通过不断地学习和实践，才能逐渐掌握这门技能。丁雪其凭着努力和毅力，在猪鬃加工厂打工不到一年的时间，就从学徒工升到了九级工，工资也涨到了50元以上。

努力和毅力如火炬，能够照亮前行之路。但机遇也不可或缺，把握住机遇，才能绽放璀璨之光。

第二章　改革之风

扫码解锁

◎群英颂歌◎振兴先锋

◎共同富裕◎奋斗底色

冬日的祁家巷，寒山瘦水，宛如一幅淡淡的水墨画，静谧而美丽。历史的车轮滚滚向前，丝毫不会因为这里的古老和平静而停下脚步。

1978年，对中国而言，是具有里程碑意义的一年。12月，党的十一届三中全会在北京召开。这次重要会议开启了我国改革开放和社会主义现代化建设的伟大征程，党的工作重心也转移到了经济建设上。随后，设立经济特区、确立家庭联产承包责任制、施行有计划的商品经济，一直到1986年12月，全民所有制企业改革启动，党和政府鼓励个人办厂经商，允许和鼓励一部分人通过诚实劳动和合法经营先富起来。

在刺骨的寒风中，会议精神犹如融融春风刮向祖国的大江南北，也刮到了祁家巷。

猪鬃作坊

丁雪其的父亲丁学中素来对国家的政策十分敏感，他最先察觉到在国家的改革政策下，普通人也可以有一番作为。

丁学中也算祁家巷的能人。

丁学中6岁时，母亲去世，父亲独自一人带着他们兄弟姐妹五人生活，家里并不富裕。丁学中从小就聪明伶俐，好胜心强，上过3年私塾。他对新事物一直保持着强烈的好奇心，村里人评价他“脑子活，胆子大”。

20世纪70年代初，丁学中听说培育鱼苗挣钱，了解之后，觉得自己能干，就包下一处鱼塘，干起了鱼苗培育。不懂技术，没有经验，他就四处请教，没多久，就干得有声有色。

在丁雪其10岁那年，丁学中到安徽芜湖购买鱼苗，正常两三天就应该回来，可丁桂兰在家等了一个星期，也没见他回来。那时候通信不方便，无论多着急，丁桂兰也只能干等着。

10多天过去了，丁学中终于回来了。原来，在芜湖，一项“漂鱼花”（孵化鱼苗）的技术引起了他的兴趣，他当即请求人家教他，并交了60元学费，这才推迟了归期。当时的60元是一个普通工人4个月的工资，这么短的时间，漂鱼花技术一旦没学成，这钱可就漂“水花”了。丁桂兰心里不悦，埋怨着丈夫。可没多久，丁学中不仅熟练掌握了这项技术，还带起了徒弟，而且带的徒弟越来越多。不久，这项技术就在菊花港、秀才港普及起来。村民们靠着这门生意增加了收入，他们都感谢丁学中。看着乡亲们脸上洋溢着喜悦的神情，丁学中自然跟着高兴，心里充满成就感的同时，责任感也升腾起来。

敢闯敢干的丁学中还是苏北地区河蚌育珠第一人。1976年，丁学中通过外出学艺和自己钻研，养蚌育珠成功。接下来他在祁家巷发展河蚌养殖，面积近千亩，经济效益十分可观，引来了不少江南、淮北养殖户专程前来参观学习。这在《泰兴县志》中被明文记载。

在20世纪70年代中后期，丁学中带着乡亲们一起养鱼、养蚌，让乡亲们的小日子蒸蒸日上，也让乡亲们对美好生活有了更强烈的期待。可天有不测风云，20世纪70年代末，因某种原因，丁学中不能再从事他喜欢的水产养殖业了，丁家的生活一下子变得窘迫起来。后期，他被几家单位请去做技术指导，才度过了那段困难时期。

后来，改革的春风刮到了祁家巷，有技术、懂管理、头脑灵活的丁学中再一次敏锐地看到了机会，他激动得连续好几个晚上睡不着觉，盘算着怎么依靠自己的手艺再闯出一片天地。丁学中也曾在猪鬃企业打过工，对制刷手艺和生产流程早就烂熟于心。此时，丁雪其也在猪鬃加工厂打工6年之久，干这一行也是轻车熟路。他早就发现给猪鬃加工厂送货收货的人，付出的劳动比他少，赚的钱却比他多。经父子俩一商量，他们决定创办自己的猪鬃加工作坊。

自己办厂，就需要自己投资。可当时的丁家，衰落之后就一直吃糠咽菜、朝趁暮食，根本拿不出多余的钱。正在丁家人一筹莫展之际，一项政策的公布犹如雪中的炭火，给他们带来了希望。

实行改革开放之后，我国逐步建立起现代化的金融体系，而建立现代金融体系的第一步，就是恢复商业银行体系。也就是说，个人或企业可以从银行贷款进行生产经营。

1986年初，丁学中找到大女婿吕明华，协助贷款3 000元作为启动资金，办起了泰兴县（1992年撤县设泰兴市）第一家个体猪鬃加工厂，取名“光华猪鬃制刷厂”。因为他们一开始筹到的资金较少，只能少收购一些原材料，盈利了再加大投入。另外，当时村里三天两头停电，运输道路坑洼不平，属实遇到了不少困难。为了充分锻炼丁雪其，丁学中自己负责生产，让丁雪其勇敢地走出去，负责原材料采购和产品销售。购销工作需要长期在外奔波，常人都要付出很多辛苦，更别说右腿有残疾的丁雪其了。为了丁雪其的安全着想，丁学中让一名亲属陪着他，在路上有个照应。就这样，22岁的丁雪其背上行囊，离开祁家巷，到全国各地收购猪鬃。

如今回想起来，丁雪其自嘲地说，那时候真是“单腿走千里”！别人需要6个小时的路程，他往往要用上10—12个小时；别人一次装300斤猪鬃，他就装200斤……他挤汽车、搭火车，下青海、奔四川、赴云南、闯内蒙古，足迹遍布全国60多个城市。在收购猪鬃的过程中，丁雪其的业务水平不断得到提高，眼界也不断得到开阔。

丁雪其拼尽全力，但身为残疾人的他，所面临的窘境令常人难以想象。

“三怕”的窘境

丁雪其说，走南闯北做生意，不仅辛苦，而且有危险。当年出门收购猪鬃，他有“三怕”，现在想起来仍然不堪回首。

一怕上台阶。

在那个年代，交通不便，产猪鬃的地方多是穷乡僻壤，腿上有残疾的丁雪其要靠步行才能到达，其中的辛苦可想而知。1992年的一天，丁雪其到上海一家进出口公司洽谈生意，公司老板不知道丁雪其是残疾人，就把他约到办公室，而通往办公室的路上有30多级台阶。在助手的搀扶下，丁雪其咬紧牙关，一步一趔趄，两步一停歇，常人用不到一分钟就能走完的台阶，他足足走了十几分钟，而且累得几乎虚脱。

二怕带现金。

过去，买卖交易不能转账，也不能刷卡。丁雪其外出收购猪鬃，需要携带大量现金。那时候的现金不像现在有百元面值，基本以五元、十元为主。如果携带十万元，就是一万多张钱币。而且那时候的治安不如现在，带这么一大包钱，长途跋涉，丁雪其心里忐忑，处处警惕。为了不引起别人的注意，他常常把裹得严实的现金放到一个不起眼的竹筐里，上面放上杂物，再盖上些旧衣物。

有一次，丁雪其坐着长途汽车去乡下，当汽车行驶到一处前不着村后不着店的地方时，有几个人突然站起来，举着砍刀，大喊一声“抢劫”，并命令司机停车。害怕的乘客主动交出了自己的钱财，劫匪当然不满足于此，让乘客把随身携带的包裹也交出来，大肆翻找。

丁雪其说，当时全车的人大多被抢了，唯独没有抢他的钱。当劫匪翻动他的竹筐时，他故作镇静，但其实早被吓得浑身直冒冷汗了。

三怕押车。

丁雪其每次外出收购猪鬃，少则十天半月，多则一两个月。和猪场谈好价格，交完定金，到了交货的日子，他就雇用卡车前去拉货。

卡车在崎岖的山路上行走，司机紧盯着前方把控着方向盘，丁雪其坐在副驾驶，也丝毫不敢放松。一是要帮着司机时刻注意颠簸的路况，二是这一车的猪鬃价值不菲，路上也有可能遇到劫匪，必须多加小心！

为了赶路，丁雪其和司机常常日夜兼程，只有把货物送到目的地，他的心里才能踏实。好几次，丁雪其去上海送猪鬃。白天上海市区禁止卡车通行，丁雪其和司机只能晚上去送货，到达地点卸完货，再赶在天亮前离开上海市区。困了，他们就在车上打个盹儿，很少舍得住宾馆。

这样的事情不胜枚举，丁雪其说，当承受不了的时候，他也想过放弃。但是，家庭的影响让他又打消了这个念头。

丁雪其的父母对军人的意志和品质非常敬佩，所以常常用军人的行为标准要求子女，他们常常告诫孩子要“行得正，站得直”“吃苦耐劳，果断顽强”……

在这种环境下浸染熏陶，丁家几个儿子除丁雪其因残疾无法参军外，剩下三人全都参军了，四个姐妹也都嫁给了军人。若干年后，丁雪其的两个儿子也先后参军。虽然丁雪其不能参军，但他形成了军人不怕输、不服输的气魄。所以，在开办猪鬃加工作坊之初，甚至一直到现在，他都凭着军人般坚韧不拔的意志和命运搏斗。

丁雪其就是靠着这股劲儿，把家庭作坊发展成了日后蒸蒸日上的乡村企业。

父亲的遗训

1997年，丁雪其33岁，那一年，他的父亲丁学中走了。3年后，他的母亲丁桂兰也永远离开了这个世界。

丁雪其家的客厅墙上挂着父母的大幅遗像，遗像两边的挽联上面写着："养育子女传美德，和睦乡邻扬四方。"这是丁学中夫妇在世时对儿女的嘱托。如今，丁雪其把它当成家训，不仅自己牢记，还用它教育子女。如果说母亲留给他的是乐于助人的美德，那父亲留给他的则是刚毅的性格与诚实的品质。用他自己的话说，父亲对他的影响太大了！从他右腿残疾以来，如果没有父亲一直以来的关心、鼓励、影响，他的一生一定不会如此绚丽。

虽然丁学中逝世了，但对丁雪其来说，父亲给他留下了太多记忆，这些记忆也成了他前行的动力与支撑。

丁雪其记忆最深刻的是父亲曾经给自己的"两记耳光"。

1990年，猪鬃市场疲软，销量急剧下降。猪鬃产品卖不出去，家里长时间不开工，丁雪其也看不到希望，他就成天和村里年龄相仿的青年打牌，早出晚归，消磨时间。丁学中见状，不想让儿子如此堕落，就多次劝说他，可收效甚微。一天夜里，丁雪其打完牌往家走，走到大门口时和丁学中迎面相遇，丁学中忍无可忍，上去打了丁雪其两记耳光，“再没事做，也得想办法啊，你这样还得了！你这样玩下去，将来日子怎么过啊！”丁学中大吼着对丁雪其说。

“这两巴掌，我终身不忘，就是这两巴掌使我的人生走上了正道。”父亲的巴掌打醒了丁雪其。丁雪其从那时开始，再也没有打过牌。直到1992年，猪鬃市场逐渐复苏，丁雪其和他父亲的猪鬃厂才一点点回归正轨。

丁学中一生喜欢交朋友，以真心换真心，他和妻子总是把家里最好的吃食拿出来，热情招待来谈生意的客人。丁家有个不成文的规定，有客人来，赶上饭点儿，家里用餐人就要分成四批，第一批是客人，第二批是工人，第三批是子女，第四批才是他们夫妻俩。每一批饭菜并不是新做的，而是上一批剩下什么，下一批就吃什么，等轮到丁学中夫妇时，往往只剩下白米饭和菜汤，有时连白米饭都没剩下，两口子就只能干嚼几个酥饼了事。孩子们为此常常抱怨，但丁学中有自己的处事原则，他常用妻子说的一句俗语劝导孩子们：“自家吃了储屎缸，别人吃了处四方。”后来，走南闯北搞个体经营的丁雪其，对这句话的理解变得更为深刻。为了提高猪鬃收购的效率，他也广交朋友，与他人合作，在不同地方设立了40多个猪鬃收购点，这样做虽然需要让出一部分利润，但收购体量大幅增加了。

丁学中对朋友热情大方，对自己却很节俭。外出洽谈生意、送货结账时，丁学中从不肯下馆子，他总是自带酥饼，随便找户人家要点开水，一口酥饼一口热水，能对付就对付。在东奔西走收购猪鬃那段艰难的日子里，丁雪其也和父亲一样，母亲做的酥饼像是能给他带来无穷的力量。阳光下、夜色中，城市街头、山路路边、卡车车厢……一次又一次吃着母亲亲自给他带上的酥饼，走过三餐四季。

丁学中凭借自己的勤劳与智慧先富了起来，家里的日子过得越来越好，但他也没有忘记先富起来之后，还要带动其他人富起来。他慷慨地把自己掌握的技术教给有意愿从事猪鬃加工的乡亲们；有的乡亲没有启动资金，他还无偿把钱借给他们；乡亲们没有销路，丁学中就帮他们代卖，一共带动了十几户村民共同从事猪鬃加工工作。后来，丁雪其成立了学中公司，经营规模也逐渐扩大，他也在带领乡亲们共同致富的路上传承着父亲的精神。

丁雪其在生意场上，把质量和信誉看得比生命还重要，这也源于他的父亲。丁学中在世时，就在厂里立下了规矩：在质量上，产品绝不可以以次充好、以假充真，发货前，他一定要亲自检验把关；在数量和重量上，只可以有余量，绝不能缺斤少两。丁学中一直秉承着“做产品要像做人”“腿肚子上绑大锣，走到哪里，响到哪里”，绝不能让客户挑出半点毛病的理念。刚开始收购原材料或者半成品时，丁雪其也会压价格，账款有时还会拖上几天。丁学中知道后，多次非常严肃地批评他：“都是乡亲，辛辛苦苦忙活一阵儿，就是为了尽快拿到钱，以后绝对不能这么做！”

这么多年，丁雪其牢记父亲的话，也养成了“除非自己确实遇到了暂时难以解决的困难，否则坚决不拖欠”的习惯。

就是凭着这些个人品质和经营理念，光华猪鬃制刷厂的年产值从最初的区区万元，到1993年的500万元。

丁雪其承袭了父亲的智慧与勇气，在父亲离世后独自经营企业，勇往直前，最终创造出属于自己的辉煌。

⊙ 丁雪其（二排右一）全家福（2021年摄）

第三章　事业之巅

扫码解锁

◉群英颂歌◉振兴先锋

◉共同富裕◉奋斗底色

学中公司

艰苦创业、诚信为本、质量第一、互惠互利

诚信创业、规范管理、讲究效益、奉献人生

走进泰兴市学中猪鬃制刷有限公司，首先映入眼帘的就是这两行大字，它时刻提醒着这里的每一位员工，要牢记丁学中在世时的精神。很多老员工说，学中精神是丁学中用心血打造出来的，是学中公司的“传家宝”。

现在，这种精神要靠丁雪其去继承和传承。

丁学中去世后，丁雪其不得不一个人将猪鬃加工作坊撑起来。家人和乡亲对丁雪其投去关切的目光，这目光中当然还带着些许质疑。关切的是亲人离世后他的身心是否能挺得住，质疑的是身有残疾的丁雪其能否将作坊继续办下去。

当时30多岁的丁雪其，已不是从前那个头脑简单的毛头小子，多年的历练，让他在这一行积累了足够的经验和资源。只不过，没了父亲这个主心骨，他需要自己做好各项决策。

他要成为父亲那样的人。

丁学中在世时常说：“眼界宽，才有高起点。”“想要有所成

⊙ 1998年，丁雪其（中）在公司召开会议

就，离不开知识、见识和胆识。”过去，有父亲的庇护，丁雪其对这样的话似懂非懂，体会不深。如今父亲不在了，他像一下子长大了，不能再吃父亲攒下的老本。

丁雪其和父亲创办的猪鬃加工作坊，起初是在家中的仓库里生产。规模大一些之后，就租用别人家的库房。1993年，父子俩有了积蓄，就商量着选址建厂成立公司，引进更先进的设备扩大产能。

祁家巷地处黄桥镇与分界镇交界，距离泰兴市东部地区唯一的南北省道——老姜八线比较远，后来姜八线改道向东移，但祁家巷还是藏在姜八线后面，位置偏僻，交通闭塞。办公司和办家庭作坊不同，首先要考虑的就是交通问题，交通便利了，进货出货方便，买家卖家才愿意来。丁雪其显然也想到了这一点，他打算把公司建在交通便利的东小坞村（当时东小坞村不属于祁家巷，2001年与祁家巷合并为一个行政村）横长路旁边。

说干就干，丁雪其找到东小坞村党支部书记丁新亚，说了自己的想法。很顺利地，丁新亚书记帮他在横长路旁协调到了11亩办厂用地。可接下来就没那么顺利了，因为丁雪其之前的资金尚可维持开销并不大的家庭作坊正常运行，而办公司需要盖厂房、进设备，这是一笔很大的投入，两者一比，丁雪其手里的钱简直是杯水车薪。

丁雪其首先想到的是贷款，但几经协商，银行的贷款都没贷下来。多次碰壁无果，丁雪其只能硬着头皮四处举债，终于凑够了前期需要投入的钱。为了节省开支，丁雪其舍不得去窑厂买新砖新瓦，就挨家挨户打听，听说谁家里拆旧房，就立即赶过去买下人家的旧砖旧瓦，一家一家凑，总算凑够了盖厂房用的砖头瓦块。

砖瓦的问题解决了，可钢筋实在买不起，怎么办？说来也巧，恰好村委会副主任丁乐以前在一家船舶公司学过电焊，离开后也常和旧同事联系，听说公司有旧钢材要出售，且价格远低于钢筋的市场价。丁雪其连日以来紧锁的眉头终于舒展了，他掩饰不住内心的喜悦，马上跑过去把这批钢材买了下来，视若珍宝。他回来之后，在丁乐等人的帮助下，把钢材一段一段焊接起来，做成厂房的“人”字形房架。

即使如此，丁雪其筹到的资金仍然不能将厂区一次性全部建设完成。他们只能一边生产经营，一边盖房建厂。1998年是父亲去世后的第二年，从这一年算起，他前前后后用了近6年的时间，才基本将厂区的厂房和设备准备好。丁雪其用父亲的名字给公司命名，叫泰兴市学中猪鬃制刷有限公司（以下简称学中公司）。

学中公司成立之前，丁雪其家就因猪鬃产品质量上乘而开始从事出口业务。但因为没有出口业务资质，他们需要委托有进出口资质的企业代为运营。这样不仅要花费中间费用，而且近10%的补税政策他们也享受不到。为了解决这个问题，丁雪其决定自己申请“自营进出口权”，他向朋友咨询了流程后，一切办理得非常顺利。

1998年，丁雪其完成了两件大事：创办了学中公司、取得了自营出口权。这让他日后事业的发展如虎添翼。这一年，学中公司的年产值达到了1 200多万。

继承了父亲喜欢关注时政的习惯，丁雪其每天再忙，也要翻翻报纸，他学到一句话“一人富不算富，大家富才是真的富”。只要一有机会，他就劝说乡亲们从事猪鬃加工工作。

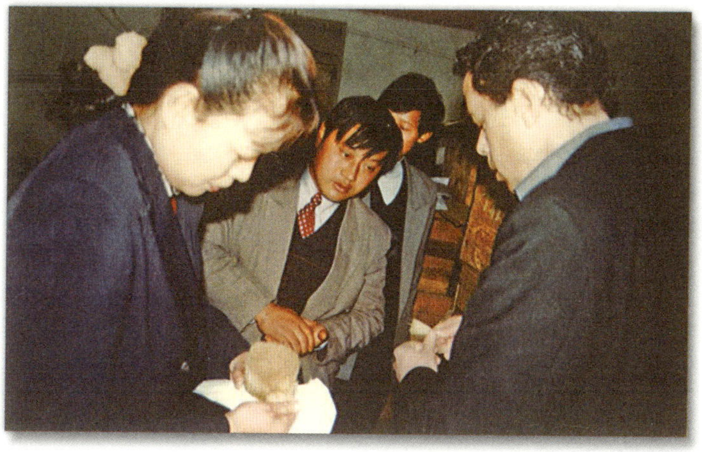

⊙ 上图 1998年，丁雪其（左二）陪同美国客户参观学中公司
⊙ 下图 1998年，丁雪其（右二）向美国客户介绍学中公司产品

“猪鬃大王”

在人生的漫漫长路上，丁雪其像一艘航船，在风雨与阳光交织的海洋中破浪前行。父母就像灯塔，为他指引着诚实守信、宽以待人的航向。

当初，丁学中带着丁雪其经营家庭猪鬃加工作坊的10年时间里，丁学中就有意把作坊的大门向祁家巷的村民们敞开，有空闲时间的人随时可以来做工，而且，他优先照顾贫困户、残疾人，解决他们的生计问题。看到他们能够用自己的双手勤劳地工作，解决生活的温饱问题，丁学中内心充满了满足感。

丁雪其看在眼里，记在心中。学中公司成立后，公司的产能和销量增加了，可以解决更多人的就业问题。但丁雪其想的是，就算可以吸引再多的人来公司做工，他们也是挣死工资，不如让他们也创业，一来可以调动大家的积极性，二来可以发展村里的猪鬃加工产业。

丁雪其开始尝试“公司+农户”的生产模式，将部分生产任务分包给村民。对于条件有限的农户，公司提供原材料和技术指导，农户可以自己在家里生产半成品；对于有意愿和有能力的农户，公司允许他们自己收购猪鬃原料，生产半成品，而且生产的所有半成

⊙ 2001年，丁雪其在学中公司办公室工作时留影

品由学中公司全部回收。通过这种方式，公司可以把主要精力放在半成品深加工上，这样既能提高生产效率，又能帮助村民脱贫致富。丁雪其迅速带动起数10户家庭加入了猪鬃加工生产行列。

与此同时，丁雪其又扩大外贸经营范围，吸纳周边村庄劳动力300多人，其中贫困劳动力80多人，有一定劳动能力的残疾人40多人。这样不仅解决了他们的温饱问题，还使他们的家庭收入逐步提高。

学中公司像滚雪球一样，持续滚动投入人力和物力，不断扩大公司规模。它不仅带动了本村村民就业、创业，甚至把整个泰兴市的农户都带动起来了。不久之后，公司又通过了国家ISO9001：2000质量管理体系认证。公司产品逐渐得到了欧美客户的认可，一路漂洋过海，出口到美国、德国等10多个国家；公司产值连年翻番，最高年产值于2001年达到6 000万元，在全国同行中，学中公司名列第三。

当时的泰兴市市长在一次全市大会上说到泰兴市民营企业经济发展时，介绍丁雪其说：“这是我们泰兴市的‘猪鬃大王’。”从此之后，“猪鬃大王”成了丁雪其的代名词。

学中公司的发展如日中天，丁雪其规划着他的商业版图，计划在接下来两三年的时间里让公司年产值突破亿元大关。

以学中公司的发展势头，时至今日，丁雪其应该早已成为身家上亿的老板。然而，命运之轮再次转动，将丁雪其推向了新的人生十字路口。

第四章　临危之命

扫码解锁

◎群英颂歌◎振兴先锋

◎共同富裕◎奋斗底色

祁巷村有两条河，菊花港自东向西，穿村而过；秀才港濒东而流，通江达海。母亲河见证了祁巷村曾经的辉煌，也目睹了祁巷村过去的破败。

祁巷村是由祁家巷、丁庄、周堡、东小坞四个自然村于2001年合并而成的一个行政村，合并后称为“祁巷村”。因贫瘠的高沙土质，祁巷村的四个自然村一直在穷困中飘摇，曾连续11年被列为“贫困村”。至2001年合并后，四个自然村的干部工资、用工、农田水利设施维修支出等费用，共计负债286万元。

丁雪其就是在这个时候临危受命，接任了祁巷村村主任一职。

“另选他人”

2001年8月12日，祁巷村举行合并后的第一次村委会选举，5名候选人参加村委会班子成员竞选。

候选人当中并无丁雪其。

其实，在选举大会之前，组织在考虑祁巷村村主任候选人时，也比较倾向丁雪其，并找过丁雪其征求他的意见。但丁雪其拒绝得非常干脆，他说，自己的猪鬃厂现在初具规模，也打开了市场，企业到了发展的关键时期，自己的精力有限。况且自己是个残疾人，管理这么大一个村，身体也吃不消。如果说每年拿出几十万给村里做公益那不是什么问题，竞选村主任就免了。

⊙ 2001年8月，丁雪其在桂林的留影

丁雪其说得在理，身体原因无法辩驳；他的企业年产值正冲着亿元使劲儿，在这个节骨眼儿上，更需要他来掌舵，也无可非议。组织上理解丁雪其的苦衷，这事儿就告一段落。

祁巷村村委会选举大会由黄桥镇时任党委副书记严平生主持，回想起当时的情景，他至今还历历在目："新的村领导班子是一正两副，正职、副职各增加了一个差额名额，候选人为5人。丁雪其当时并不在5名候选人之列。"

选举当天，全村3 600多名拥有选举权的村民，在4个分会场分别进行投票。投票结束后，4个票箱集中到主会场，在镇领导的监督下，进行公开唱票。

"我们从祁巷小学借来了十几块小黑板，现场进行唱票和计票。"候选人之一的丁留庆回忆说，"唱票时，丁雪其名字后面的'正'字在黑板上占据的面积越来越大。最后统计，他得了96%的选票，名列第一。"

这一选举结果，意味着4个自然村绝大多数村民跳过了所有候选人，在"另选他人"一栏里填上了"丁雪其"这个名字。而且，这些选票中还不包括一些村民因文化水平不高，填写了丁雪其小名"雪子"而成的废票。

丁雪其虽然不在候选人之列，但以96%的得票率，高票当选祁巷村新一届村委会主任。这个结果产生之后，镇领导心里也比较忐忑，这次，丁雪其能答应吗？带着群众的信任和期盼，镇领导第一时间联系了丁雪其。当时，丁雪其正在镇江出差，得知即使自己不是候选人，而且之前明确地持拒绝的态度，乡亲们仍然选他当村委会主任，丁雪其犯了难。

“领导啊，感谢乡亲们的信任！但我还是之前的想法，一来，我身体有残疾，能一门心思把企业搞好就不错了，村上杂事儿多，我身体上也吃不消；二来，我的公司正处于发展的关键期，不允许我分心管别的事儿，而且村上欠了那么多债，我实在是没精力啊！”丁雪其言辞恳切地再一次阐述了自己的苦衷。

丁雪其说的确实是实情，而且话语间充满了真诚，没有任何故意推脱之意。他出差回家之后，和妻子说了这件事情，妻子也赞成他的决定：“你如果当了村主任，那么大的工作量，你身体吃不消。”可民意难违，镇领导、村干部、村民代表几乎天天到丁雪其家，轮番上阵做他的工作。老书记丁巧龙甚至还带着村干部和村民代表找到丁雪其在税务局工作的哥哥丁其全出面劝说。

丁雪其陷入了犹豫和彷徨之中……

“好几个晚上，我辗转反侧，难以入眠。”丁雪其回忆当时的情形，“尽管家人和亲朋好友们都持反对意见，但我觉得，父老乡亲信任我是瞧得起我，寄希望于我，我一定不能辜负他们。”

从乡亲们恳切的眼神中，丁雪其看到了他们渴望有一个主心骨带领他们摆脱贫穷，过上好日子的迫切心情。丁雪其再也难以拒绝乡亲们的盛情，“算了，宁可我个人少挣点钱，也要把这副担子挑起来，不能辜负全村人对我的信任和期望！”

丁雪其就此成了“全村人的希望”，带领乡亲们走上了艰苦奋斗、建设美好祁巷的新征程。

可上任伊始，村集体的情况远比他先前了解的要更加糟糕。

“挪用”资金

祁巷村村委会的办公场所是5间破旧的“五架梁”，只要一下雨，屋里就成了“水帘洞”，大盆小桶齐上阵。上任伊始，丁雪其先是把自己家的住房腾出一间作为办公场所，这里也是村招待所和食堂。

没出几天，丁雪其发现，当这个“家”远比自己想象的困难得多。村里矛盾纠纷一大筐，干部工资发不出，就连每月66块钱的村委会固话电话费也缴不起。而且村委会的债主们都知道丁雪其是个有钱的大老板，听说他当了村主任，都纷纷来讨债，“既然你当了村主任，就应该由你来履行还债的义务。”

“从早上4点，到凌晨1点，都有人坐在我家门口讨债。我只好用厂里的资金先维持全村的运行。”丁雪其只能“小马拖大车”，用猪鬃厂的资金来维持全村的运行。几个月下来，厂里的流动资金告罄，厂里再无力垫资。“随便到村里哪个地方，村民看到我，都抢着搬椅子给我坐。村民们对我越好，我越感激，越想要多出力干点儿事儿。但长期依靠厂里资金不是办法，我得想办法，谋求生路。”

过去的祁巷村，绝大部分村民都过着面朝黄土背朝天、土里刨粮，靠天吃饭的生活，“贫困村”的帽子一直摘不下来。丁雪其一直在想，怎么带领乡亲们蹚出一条脱贫之路呢？他首先想到了猪鬃加工作业。猪鬃加工一直是村里的传统产业，但由于村民们只能从事简单的粗加工工作，几乎没有更大的增收空间。到了农闲时节，有了闲暇，村民们又喜欢搓麻将、打纸牌，他们宁可在牌桌上玩通宵，也不愿做个副业增加收入。

为了让习惯搓麻打牌的村民远离牌桌，让他们看到挣钱的希望，丁雪其决定加大推行“公司+农户”经营模式的力度，为村民垫付资金，或者出面为村民担保贷款，扩大猪鬃粗加工农户的数量。如此产品加工就会增加一个环节，产品质量不好统一，成本也会增加，但丁雪其说，他宁可减少自己的利润，也要让村民们增加收入。

起初，有些村民并不理解丁雪其的这种做法，能赚多少钱，大家心里没底，不想贸然尝试。村里甚至传起了谣言，说丁雪其刚当上村主任，就开始利用手中的职权让村民们给他当廉价劳动力。

听到这种话，丁雪其自然觉得寒心，可他也意识到越是这样，自己的责任就越重。他既然当了这个村委会主任，就要让乡亲们摆脱贫困，要想摆脱贫困，就要先改变他们的观念，而改变一个人的观念，何其难啊！

再难也要勇往直前！为打消村民们的顾虑，丁雪其专门召开了一次村民代表大会。在大会上，他的话掷地有声：“只要我有一口饭吃，就不让乡亲们喝粥，愿意跟我干的，保证年收入不低于3万元。”

丁雪其先找了几位会技术的村民，为他们免费提供猪鬃，让他

⊙ 2003年9月，丁雪其（左一）在祁巷小学述职

们在家里进行粗加工。他的公司再以保护价或让利价回收半成品，半成品运回公司再进行精加工。整个过程，村民们没有任何风险。

在家里干活儿就能挣到钱，这是很多村民以前不敢想的。先挣到钱的村民是最好的代言人，他们在村里一走一过一宣传，让越来越多的村民加入，就连村里的残疾人也能凭双手赚钱了。有那么一段时间，村民们闲聊的话题常常是“你家这个月加工了多少？”“我家分类总是分得很慢，有没有更好的方法？”……原本喜欢打麻将、玩扑克的村民也离开了牌桌。大家时常感慨，丁雪其表面上看是用自己的公司“帮”村民挣钱，其实是用公司“保”村民增收，这样的气度和胸怀确实不多见啊！

一年的时间，学中公司用工最多时达到400多人，其中残疾人等低收入村民就有70多人，同时带动了120多家农户建立了猪鬃加工作坊，每户年收入都在5万元左右，祁巷村也因此成了远近闻名的“猪鬃加工专业村”，一举甩掉了“贫困村”的帽子。

丁雪其“公司+农户”的运营模式一直持续至今，越来越多的村民因从事猪鬃加工产业摆脱了贫困。祁巷村也在2013年8月荣获了全国“一村一品”示范村的称号。

在丁雪其看来，带着乡亲们挣钱，只是解决了眼前的问题，还有历史遗留下来的更为棘手的困难在等着他去解决。

⊙ 上图 2014年，丁雪其（左三）在指导猪鬃加工厂工人箍扎技术

⊙ 下图 2015年，丁雪其（右一）到残疾人之家走访

"雪主任"

"嘀，嘀，嘀……"一阵摩托车的笛声划破了小村的寂静，听到这熟悉的鸣笛声，村民们知道，"雪主任"来了！

"雪主任"，是村民们对丁雪其的亲切称呼。在丁雪其刚当上村主任那会儿，村民们叫他"丁主任"，从称呼上的变化，我们能看得出，村民们已经从内心接受了丁雪其，还把他当成了最亲密的人。

这种关系的变化，不仅是因为丁雪其带着大伙儿赚钱增收，还因为他在处理村民矛盾时，公开透明，不偏不倚，让每个人都信服。

祁巷村四个自然村合并之初，群众之间的矛盾比较突出，而且很多是过去自然村没有解决的遗留问题，这些问题积怨深、化解难，村民之间寻衅滋事、打架斗殴的情况时有发生，有的在村里闹事，有的到县里上访，影响了祁巷村的稳定不说，也影响了祁巷村的发展。

丁雪其就任村委会主任之前，就了解了这一情况。他打了个比方，祁巷村就好比一台机器，每个村民都是这台机器上的零件，要时不时修复坏掉的零件，给机器上点润滑油，否则就会影响整个机器的运转，甚至会出现大的事故。丁雪其说经济再繁荣、景象再繁华，如果治安不好、村子内部不稳定，那也是空有其表，不能算真正的成绩。

所以，丁雪其一上任，解决这些矛盾纠纷就成了他的工作重点。

“我刚开始还不太适应，天天有很多人找我处理矛盾，我下班到了家里，也有一大堆人找上门要我解决问题。”回忆起当年的经历，丁雪其仍然很苦恼。

丁雪其先是请来相关专家，对村委会成员进行培训，提高村干部调解村民间矛盾纠纷的能力，并利用播放村广播、书写黑板报、张贴横幅标语等形式，宣讲相关法律法规知识，提高村民们的法律素质。做好这些准备工作后，他又将已掌握的矛盾进行分类、分级。当时，祁巷村的主要矛盾有：土改时田地界址没有划分清楚，田地相邻的村民常因此发生矛盾；排水设施不完善，每次发大水淹了田地，村民们表示不满。更多的是家庭矛盾：因晚辈对老人爆粗口，甚至虐待老人，老人告状；因给老人多少生活费的问题，夫妻意见不合；因宅基地、房屋归属问题，双方产生争执……

分了等级，归了类，丁雪其把村委会成员分工到村到组，让他们根据矛盾纠纷的轻重缓急，有计划地逐一化解。

“后来我们就慢慢适应了，一边处理，一边学习，掌握化解这些矛盾纠纷的方法。有的问题解决起来费时费力，但我们不回避、不推诿，能解决的当场解决，不能解决的叫他们先回家，等查实事情的原因后再处理。”丁雪其说。随着村委会成员调解矛盾的技巧逐渐提升，处理的效果也越来越好。

时任村委会妇女主任的钱新芳，分管祁巷村3个小组。2005年大年三十这天，村里一对夫妻闹矛盾，女方一气之下回了娘家。为了让这家过个团圆年，钱新芳中午饭都没吃，就带着男方到女方家做工作，从中午一直劝说到晚上，夫妻俩终于重归于好，一起回家过年了。正月初一，夫妻二人一大早就来给钱新芳拜年了。看到和好如初的夫妻，钱新芳比听到什么拜年吉祥话都高兴。

钱新芳说，调解村民的矛盾，有时最多是白费一番口舌，可有时候承受的是难言的委屈，“在工作中受委屈的时候可多了，但再委屈也得担待着。”

2010年，祁巷村一户村民早婚早育。按照规定，她要接受处罚后才能办理二胎手续，可这件事儿还没处理完，该村民又怀孕了。没有办下二胎手续，在这户人家心里埋下了一根刺，这户村民便利用村里集中迁坟的机会，把多年的怨气爆发了出来，他家不仅不肯迁坟，还对钱新芳进行谩骂威胁。钱新芳忍着委屈，一次次登门耐心劝说，最终使这位村民打开了心结，同意迁坟。

“群众工作无小事，我们在处理每一起矛盾纠纷时，都是在面临着一场考试，要想答好这张试卷，我们要有广阔的胸襟和足够的耐心，容得下群众的误解，感化他们。”丁雪其时常这样安慰村委会的每一位成员，他自己又何尝不像钱新芳一样，吞下委屈，也要把问题解决。甚至，有时调解矛盾，还会有生命危险。

2002年，丁雪其任村委会主任的第二年，有一位个体老板在修建厂房时占用了与邻居家之间的巷道。后来邻居家在巷道边挖了一条水沟，不料，竟引得个体老板家围墙倒塌，双方为此争吵起来，从此不相往来。同年，邻居家的父亲去世，出殡时需经过个体老板家门口，个体老板借机发难，坚决不让邻居家从其家门口经过，争吵后矛盾升级，两家分别找人到场准备械斗。丁雪其得知消息后，立即带领几位村干部赶到现场。一边劝说双方不要冲动，一边用自己的身体站在了两排刀棍中间。任凭双方怎样恐吓“再不让开连你一起打”，他也坚决不移开脚步，并反复告诫双方要遵纪守法，谁动手谁就要受到法律的惩罚。或许是看到丁雪其身体残疾却毫无惧色地站在中间，又或许是看到丁雪其用坚决的目光注视着他们，最终双方都放下了刀棍。

一场大规模的械斗，被丁雪其硬生生地给挡了下来了。后经丁雪其反复耐心地做思想工作，两家终于重归于好。

像这样大的纠纷矛盾，丁雪其一个一个地解决，虽然过程艰难了些，但最后双方都心平气和了。不仅如此，村里的小矛盾更是多如牛毛，修路、土地流转、计划生育、殡葬改革，每一项工程或政策的落地，都可能引发新的矛盾和问题。比如，铺设水泥路要有伸缩缝，有村民要看伸缩缝对不对着他家的门和窗，如果对上了，就坚决不同意；村里砌垃圾箱，如果对着自家门，村民也坚决不让；还有村民先前建围墙，违章占了部分村路，现在村里要扩路，村民不肯拆违章围墙……如此种种，数不胜数！

面对这些矛盾，丁雪其有他自己的处理原则：忠厚的不欺、狠恶的不怕、亲近的不护，一切按规矩办事。再加上他的宽容和耐心，几个回合下来，一定说得对方心服口服。

平时一有空，丁雪其就拖着病腿、骑着摩托车到各个自然村转转，在田间地头、在村民家里，聊聊家常，谈谈规划，风雨无阻。看到丁雪其来了，乡亲们也纷纷围过来，大家越来越愿意对他敞开

⊙ 上图　2016年，丁雪其（左）接待来访村民

⊙ 下图　2018年，丁雪其（左二）与村民交流

心扉，他们的感情也越来越好。

任村委会主任最初的5年里，丁雪其骑坏了5辆摩托车，摔倒过很多次，光是骨裂就发生了3次。村民们心疼他，几乎每家都给他准备了一个小凳子，他一来，就让他坐在小凳子上休息。丁雪其说，他操的心、受的伤、忍下的委屈，都因为这张不起眼的小凳子，让他感觉自己的付出值了！这张小凳子，就是老百姓给他的另一条腿，也更加坚定了他要用一条腿走下去的决心。

祁巷村的民风渐入佳境，少了戾气，多了和气，丁雪其和村委会成员的威信也越来越高。全村的百姓服他、信他、敬他，时间久了，乡亲们都亲切地喊他“雪主任”。2005年，丁雪其任村党总支书记，大家又称他为“雪书记”。

好汉三帮

俗话说：一个好汉三个帮。一个人即使再能干，面对纷繁琐事，有时也会分身乏术。丁雪其就任村委会主任之初，就像刚开始创业那样，很多事情不熟悉，都得自己张罗，他需要找个帮手。

丁和平，现任祁巷村党委委员、村委会副主任，兼任周堡行政村党支部书记，为人朴实憨厚。他和丁雪其从小一起长大，也有加工猪鬃的手艺。丁和平从23岁开始就自己经营猪鬃加工作坊，作坊有20多个工人，每年100多万元的产值，纯利润也有20多万元，日子过得很滋润。

丁雪其当选为村委会主任后，独木难成舟，思来想去就找到了丁和平，并请他到村委会工作帮助他。丁和平和丁雪其是发小儿，深知他的不易，看到他拖着一条残腿为村子日夜操劳，感动的同时，更多的是敬佩，便一口答应下来。

在丁雪其的推荐下，丁和平被安排到周堡村任党支部书记。周堡村是当地有名的文化村。按理说，文化村里识文断字、明事懂理的人多，工作应该好做。可是，不少人却为丁和平担心，因为实际情况恰好相反。这个村有几个难缠的主儿。他们常常纠缠一些小事小节，互不买账，甚至打架斗殴；还有的人事不关己，就隔岸观火，邻居打架，最多伸出头来瞧瞧，少有人上前拉劝；还有的人表面上和气，却背后使坏，不知什么时候就暗地里烧上一把火……文化村成了“问题村”。过去曾有专门解决问题的工作组进驻周堡村，可一些长年积累下来的矛盾、难题始终没有得到解决。这对从未做过领导干部的丁和平来说，确实是不小的考验，他怕干不好，就找丁雪其“打预防针”：“雪主任，首先我能干，而且一定是想干好。但话说回来，干成什么样，我心里还真没数，到时候干不好，你可别埋怨我！”丁雪其相信丁和平的为人，鼓励他：“以你的人品，时间长了，乡亲们肯定能信服你。要解决问题，必须得依靠群众，你要和他们成为朋友，以诚信换诚信，没有解决不了的难题。”

丁和平记下了丁雪其这句话，自打进入周堡村的第一天起，他就没有把自己当干部，而是要成为村民的朋友。他挨家挨户地走访，对村民们称兄道弟、嘘寒问暖，拉家常、聊农活儿，了解他们的困难，倾听他们的意见。

自然村合并之前，铁路在周堡村段旁边没有排水设施，每年汛期，附近100多户村民家的几百亩田地就会被淹。农田安全是农民的头等大事。2002年春，丁和平和丁雪其商量，想要为村民们彻底解决这一存在多年的难题。通过向各个部门打报告，一次一次地奔波做汇报，丁和平终于把资金申请下来；他又找来工程队，紧锣密鼓地施工，施工期间，丁和平几乎每天都在现场监工。最终，沿铁路线修好了排水沟，直通南边的菊花港，水患问题被彻底解决。

丁和平趁热打铁，又通过争取资金，铺设了全村第一条水泥路……他始终记得丁雪其告诉他的话，“要和村民们成为朋友”，慢慢地他被村民们接受了。

“要先尊重人，人才尊重你，你如果跟村民摆架子、打官腔，工作肯定做不好。要让群众信服，就必须深入田间地头，与农民交心谈心，诚心诚意地为他们做好事、做实事。”这是丁和平上任以来最深切的感受。

“我们花了整整5年的时间，才把四个村遗留的矛盾纠纷处理掉，不处理好矛盾纠纷，没有一个稳定的环境，怎样搞发展？”现在说这些话，丁雪其是有发言权的，在当村主任之初，江苏省水利厅一位领导就曾对他讲：“村委会主任不要先去抓发展，只有把村里的矛盾纠纷认真解决好了，再去搞发展才能事半功倍。”丁雪其说，日后祁巷村的发展也确实证明了这位领导的理念是正确的。

祁巷村太平了、稳定了，村风、民风得到了根本性的好转，也聚起了祁巷村新农村建设的精气神。处理矛盾纠纷的方法，表面上看是沟通的技巧，但丁雪其一直在思考它的深层原因，一天，一句俗话，让他找到了问题的根源。

⊙ 2021年，丁雪其在走访村民的途中

一户都不能穷

在被村里纠纷困扰的那段日子里，丁雪其常常夜不能寐。

多少个难眠的夜晚，丁雪其一直在想，村民们的纠纷产生的根本原因到底是什么？有一天，一句话让他豁然开朗：“贫贱夫妻百事哀。”这句话用在祁巷村不也正合适吗？

村子就像一个大家庭，如果家里宽裕，或者在家的老人也能打工挣钱，就不在乎儿子儿媳给的钱多点儿少点儿了；如果家家户户都有闲钱，就不会计较田地界址偏了直了；如果村集体有钱了，把田间的排水设施建好了，村民们就不会为排水的问题而争吵了……这些矛盾都是因为一个字——穷。

虽然一部分村民可以靠加工猪鬃产品挣些外快，但这只占一小部分。还有一些身有疾病、残疾的村民，他们怎么办呢？作为村主任，他必须考虑这些问题。

村民丁建兵在2002年患了肾炎，需要常年服药治疗，为了负担医药费，他的妻子常年在外打工，家里留下了年迈的母亲和上学的女儿。即便如此，这个家庭每年的收入大部分用来买药治病，没有任何结余。2008年，丁建兵的肾炎发展成尿毒症，医院建议透析治疗，可高昂的费用让整个家庭无力再承担，丁建兵夫妻俩决定放弃

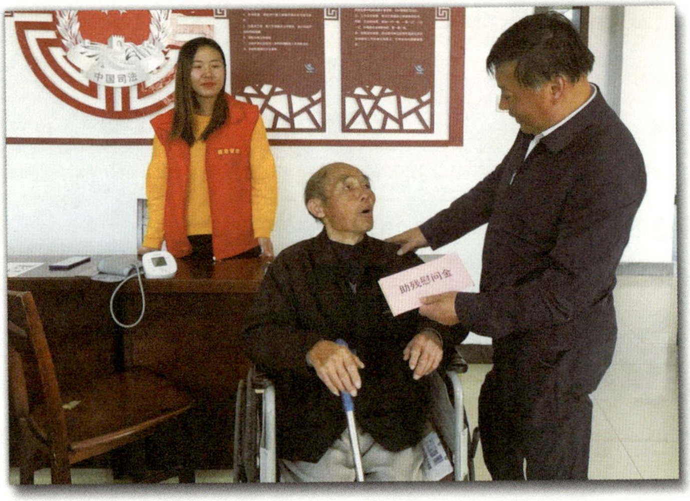

⊙ 上图　2016年，丁雪其（右）为贫困村民发放慰问金

⊙ 下图　2017年，丁雪其（右一）为残疾人发放慰问金

医治。

丁雪其听说这个情况后，第一时间去看望他们，“不要对生活失去信心，更不要放弃治疗，先去看病，没有钱我先垫着。”他对丁建兵说，并当场拿出了10 000元钱交给丁建兵。随后，丁雪其号召全村村民为丁建兵捐款，重新点燃这个家庭对生活的希望。

如今，丁建兵虽然还需要靠药物维持生命，但气色明显好转，“如果没有雪书记，我也许早就死了，是他给了我生的希望，给了我第二次生命。”每次说到丁雪其，丁建兵都会流下两行热泪。

五保户丁克祥之前住的房子又破又旧，夏天漏雨，冬天漏风。2014年，祁巷村进行环境改造，丁克祥的老房子紧邻路边，严重影响村里的道路修建和村容村貌。当时，丁雪其找他商量，想把他的老房子拆掉。考虑到拆了老房子，丁克祥就无房居住，丁雪其便找到黄桥镇民政科申请，把他安置到镇里的敬老院，还为他申请了养老金，每月能领到几百元钱。“从来不曾想过，老了还能住进楼房，还能有人伺候，感谢雪书记啊！”丁克祥逢人便夸。

村民丁有生已经60多岁了，和患有气管炎的老母亲相依为命，家里穷得叮当响。丁雪其平时总资助些钱物给他们，逢年过节还买些鱼肉送去。提起丁雪其，老人感慨着，“如果不是雪书记，我家过年只能吃咸菜喝粥。”10多年来，每逢春节，丁雪其总自掏腰包为村里七八十户贫困家庭送鱼送肉，从未间断……

村民丁晴娜患有白血病，丁雪其个人捐出5 000元，并筹款20 000元相助。村民丁裕林患有尿毒症无钱治疗，丁雪其资助6 000元解了他的燃眉之急。村民丁扣霞术后无法自理，丈夫又不幸离世，丁雪其先后拿出10 000多元帮她料理丈夫后事，安排她住进敬老院，并且资助她还在上学的儿子继续上学……

有一天，村民丁懂先拿着一个包得严严实实的手绢，找到丁雪其：“雪书记，我妈让我把这钱还给你。”他边说边打开手绢，拿出5 000块钱。原来这是90多岁的丁母临终前的嘱托：“儿啊，现在过的好日子全亏了雪书记的帮衬，这钱你一定要还给他。”丁雪其一时愣住，但心里暖融融的，感动于这份深厚的情谊与信任。

再穷不能穷教育，丁雪其在关怀因病致贫村民的同时，也关注贫困户孩子的上学问题，他尽己所能不让一个贫困生因贫辍学。

村里有个女孩儿名叫丁金美，是丁雪其看着长大的。丁金美15岁那年，母亲去世，比她小两岁的弟弟也在上学，家里还有奶奶要赡养，生活的重担都落在了身体不好的父亲的肩上。丁雪其了解情况后，立即到学校请求为她减免学费。平时，他也经常给姐弟俩买学习用品，每到年底还送鱼送肉让他们过个好年。

2008年，丁金美考上了研究生，可喜悦很快就被噩耗淹没，她的父亲病重离世。丁金美家里没有任何积蓄，父亲办丧事的钱都没有着落，丁雪其得知后，和其他村干部一起忙前忙后、出钱出力，总算让丁金美的父亲入土为安了。

眼看着要开学了，丁金美的学费又成了难题，姐弟俩在家里哭成一团，商量着要退学去打工。丁雪其来了，安慰他们，“学一定要上，上学才有出息，学费你们放心，还有我们呢。”他拖着残腿来到丁金美的大学，找学校领导请求减免其部分学费，还带头筹集了姐弟俩的生活费。

丁金美的弟弟大学毕业后，在无锡一家外资企业上班。后来弟弟谈了女朋友，因为家里的老房子又破又旧，女朋友不愿意跟他回老家。丁雪其知道后，找来施工队为他家重建了房子。

“不管是在生活上，还是在学习上，他就像父亲一样对待我们，我俩觉得他不是父亲胜似父亲。”如今已在泰州市环保局工作的丁金美每次回村都要去看望丁雪其。

村民丁新年夫妇相继离世，留下正读中学的儿女，丁雪其慷慨资助，确保姐弟俩顺利完成学业。如今，姐弟俩分别成为公务员和工程师，他们逢人便说：“我们的今天，都是丁雪其书记给的。”

在祁巷村，丁雪其先后资助了16名贫困学生完成大学学业。为激励村民积极培养孩子，摆脱贫困，每有人家收到大学录取通知书，村里便会敲锣打鼓、鞭炮齐鸣地庆祝。丁雪其也会带着村干部拿着礼品上门祝贺，勉励孩子们到大学后继续发奋读书。

丁雪其经常说：“我资助一个贫困生读完大学，将来他走上工作岗位，这一户才算真正脱了贫，所以，我要坚持这样做！”

黄桥镇余庄村的王亚平，并不是祁巷村村民，有一年，她遇到了一件难事儿，听说丁雪其是出了名的好人，便到祁巷村找到了丁雪其。原来，王亚平的丈夫在一起交通事故中不幸丧生，肇事者是祁巷村的一位村民。起初，这位村民口头答应会进行赔偿，可后来他就翻脸不认账了。

听完王亚平的哭诉之后，丁雪其也义愤填膺，他二话不说，拿起电话就帮她联系肇事者。可对方一直在敷衍，绝口不提赔偿的事儿，后来干脆外出躲了起来，气得丁雪其报了警。王亚平本没有工作，现在家里又失去了顶梁柱，还有个上学的孩子要抚养。帮人帮到底，丁雪其把王亚平安排在自家的猪鬃厂做工，让这对孤儿寡母得以生存下去。王亚平的儿子大学毕业后，丁雪其又帮他找了一份工作，让他能够自食其力。“要不是雪书记，我们全家都不知道怎么活下去。”王亚平还特意写了一封感谢信送到黄桥镇政府，希望镇上大力表扬丁雪其。

像这样的故事还有很多。这些年，丁雪其个人用于贫困户看病、上学、生活，以及用于村里公益事业等方面的支出接近300万元。

丁雪其的善举，并非一时心血来潮，也不是他当了村主任之后的一时兴起。他心中善良的种子，是由他的父亲种下的，当遇到合适的土壤，就飞快地生根发芽。

丁雪其的父亲丁学中生前也是出了名的好人。他的许多善行，让丁雪其从小就耳濡目染，父亲常对孩子们说：“帮助有困难的人就是行善积德，给后人留下万贯家财，不如让自己成为榜样。”不知从何时起，这样的话早已深植于丁雪其的内心。做了村委会主任之后，善良的底色上又生发出了责任的重彩，让他的步履更加坚定。

第五章　新官之火

扫码解锁

◎群英颂歌◎振兴先锋
◎共同富裕◎奋斗底色

吃不上豆腐

“祁巷村的人买不到豆腐吃”这是过去很长一段时间流行在当地的一句话。为什么买不到豆腐？是因为当时的祁巷村位置偏僻，道路坑洼不平，卖豆腐的小贩不敢骑着板车进村，否则板车颠颠簸簸，车上的豆腐块就会变成豆腐渣，豆腐卖不出去，小贩一顿白忙活。

“村里没有一条好走的路，泥路本来就不宽，再加上坑坑洼洼的，雨天只好提着鞋子，卷起裤脚，蹚着水走。后来我们有了小汽车，可没有通到家的路。春天，路两旁的油菜倒伏在路上，秋天，路两旁的大豆把路面盖住一半，车开过去，只听见噼噼啪啪的声音，庄稼被轧坏了，我们也心疼，还要挨人家骂。”提到过去祁巷村的路，在外做工程的丁伟深有感触地说。

要想富，先修路。丁雪其和村委会一班人不约而同达成共识，这也是丁雪其任村委会主任后的“开场戏”之一，大家决定先从村子的主干道开始修。

可是，修路需要一大笔资金，这笔资金从哪儿来？丁雪其千方百计地向有关部门申请资金，不足的部分就自己补上大半，再动员村里每家出一点儿，筹到一部分钱就先修上一段路。

丁雪其事后说：“后来镇（黄桥镇）里有了以奖代补的政策，在这之前（2001年起）我已经自己想办法为村里修了五六条路了。

我找施工队修路，只要谈妥了，就立马施工，施工队不担心钱的事儿，因为他们都知道我是大老板。”从2001年到2008年，丁雪其先后出资400多万元为村里修路。

2008 年，为了加快新农村建设，黄桥镇政府出台了一项政策：对自筹资金新建农村公路的村庄，每修建1千米以奖代补8万元。当这个消息传到祁巷村时，人们在激动兴奋的同时又犯了嘀咕：“想拿到政府的奖补，需要先修路，可修1千米路就要先垫付近30万元的资金，这么一大笔钱从哪儿来？难啊！”

可丁雪其并没有犯难，他反而认为这是一件雪中送炭的好事：“别说政府还贴钱，就是不贴钱，该修的路不是也得修！只要能让我们有好路走，没人出钱，我丁雪其来出！”

丁雪其就是乡亲们的主心骨，他的话让大家吃了定心丸。乡亲们脸上的疑虑慢慢消散，眼神变得坚定，他们看着丁雪其，心里感动着，知道这个村主任他们没选错。

修路的热潮在祁巷村如火如荼地开始了！正是丁雪其的无私，原本因为耕地界址多一分少一分就打得不可开交的村民，这一次出奇地配合。

夏天，修到各家门前的路，他们主动浇水保养；冬天，新浇的混凝土路面怕冻，他们自觉铺上稻草保温。2009年，为了赶工期，到了腊月底还在施工。天气寒冷，铺好的路面被冻住不好打磨，大伙又自发地在家里烧开水往路面上浇。一直在现场指挥的丁雪其，因为腿脚不方便，不慎跌了个大跟头，大家纷纷把他搀扶起来，劝他回去，叫他放心：“修路不容易，我们一定不会马虎的……”

“所有村民听从村里的规划，该占用多少地就用多少地，该拔去的青苗，村民自己动手拔去，很少和村里讲条件。因为他们知道，祁巷村世世代代没有好路走，这次修路，不光是自己这辈人享用，也是在为子子孙孙造福。”时任村干部的丁乐现在说起那段往事，仍然激动不已。

“以奖代补的政策只推行了3年，以后就没有了。在这3年里，祁巷村修建了大大小小10多条路，基本解决了村庄道路硬质化的问题。”时任祁巷村党总支副书记的王爱民对这段经历至今记忆犹新。

在黄桥镇奖补政策期间，丁雪其个人花了200多万元用于修路，村民们都看在眼里，也愿意配合修路，即使在奖补政策结束之后，村民们配合修路的热情也从未减退。

2015年，大寨河东岸新规划了一条道路，村民丁九庆家的围墙一角恰好在这条新路的规划范围内。丁九庆知道后，没有任何意见，随即找来瓦工把影响道路施工的一角拆掉，而且全部费用自己承担。现在人们从那里经过，还能看到那段改造之后弧形的围墙。

丁庄二组村民丁玉春原是泰兴市水泥制品厂技术厂长，退休后在家颐养天年。他家田地里有三棵银杏树，其中一棵树龄有100年以上，这棵古树是丁玉春的宝贝，曾有树贩子出价5 000元想买下这棵树，丁玉春都没卖。2018年，村里修路恰好要经过这里，他二话没说，将两棵小一点儿的树让人锯掉，那棵百年古树，他无偿送给了祁巷村后来成立的金辰公司，移栽到村里的小南湖西迎山上。现在，这棵古树在小南湖风景区成了游客结锁寄愿的“许愿树”。

2019年，黄桥镇政府计划为祁家巷自然村铺设自来水管线，但部分资金需要村民自筹，算下来，每户村民需要拿出400元钱。可是，大部分村民表示有困难。资金筹不齐，工程就迟迟无法开工。

这个时候，丁雪其又站了出来，“我给大家补贴一部分，你们少拿点儿，安上自来水管线，咱们就不用天天到井里挑水吃了！”于是，丁雪其又自掏腰包为每户村民补贴了170元，全村500多户，一共是8万多元，这才让工程顺利开工。两年多之后，工程完工，村民们家里通上了自来水。“幸亏雪书记，要不我们这些老胳膊老腿儿，去井边提水还真是难啊！现在好了，一拧水龙头，水就来了！”村里的老人感激地说。

…………

“通过修路和安自来水管线这些事儿，我明白了，只要我们真心实意为民谋利，为民造福，我们就能得到群众的支持和拥护。”丁雪其深有感触地说。

路桥不分家，如果只修路不建桥，无异于打通了动脉却留下了血栓。祁巷村的桥必须换，因为它夺走过几条鲜活的生命。

要命的板桥

祁巷村原来有五座小水泥桥。水泥桥是用两块水泥板搭建而成的，两边没有护栏，只有一米半宽，狭窄且危险。这种水泥桥在当时的江苏农村非常普遍。祁巷村因此发生过村民死亡的事件。

1998年，丁庄一妇女骑自行车经过牛桥，正走着，车轮突然掉入两块桥板之间的缝隙且被卡住，由于惯性，妇女掉进了河里，溺水死亡。当时一名在丁庄做扶贫工作的领导得知此事后，打电话向好友丁其全（丁雪其的哥哥）求助，商量解决水泥桥的安全问题。丁其全立即联系丁雪其，让他从猪鬃厂出资8 000元，在几座水泥桥上焊上了护栏，算是暂时解决了安全问题。

由于桥面窄小，给祁巷人的生活带来了巨大的影响。老革命干部丁根寿一家从金湖县回到祁家巷落户，村干部组织了40多个壮劳力用独轮车到横巷帮丁根寿搬运家当；村里包括丁雪其家猪鬃厂在内的家庭作坊或工厂每次进货都要在横巷把大车上的货卸到推车上送进来，出货时用推车把货送到横巷再用大车送出去。桥的宽度和拖拉机两个轮子之间的距离相差无几，而且桥面上水泥板有的地方因损坏而漏出大窟窿，导致拖拉机行驶在桥面时，像是在耍杂技。

就是这样的小水泥桥，祁巷人走了数10年，桥面伤痕累累，村民走在上面胆战心惊。

桥，一直是祁巷人的心头之痛。

“过去的水泥桥都坏了，这儿掉了一块，那儿缺了一块，锈迹斑斑的细钢筋都露了出来，很危险，人都不敢在上面跑。”丁雪其回忆着，那时，他的父亲还健在，他还没有当选村主任，村委会还欠着200多万元的外债，想修桥也没有资金。在他的记忆中，有几次都是父亲丁学中带着瓦匠，母亲带着小工，夏天他们穿着汗衫，肩上挂条毛巾，手上拎两个热水瓶，顶着烈日修桥。

2003年，祁巷村第一座稍微好一点儿的桥建成了，为什么说“稍微好一点儿”？因为它比原来由两个水泥板拼成的桥要牢固得多，但依然很窄。当时横巷大桥重建，拆下来很多旧材料，祁巷村跟上级部门申请，运来建成了现在的“学中桥”的前身。

2008年，这座桥的宽度已经不能满足村民们通行的需求了，桥梁的承载能力令人担忧。丁雪其又出资12万元改建新桥，新桥被命名为“学中桥”。现在的“学中桥”于2012年再次修建，气派了很多，桥宽由原来的5米改成了现在的8米。

话又说回来，趁着修路的时机，丁雪其带着村委会成员通过各种渠道争取资金，经过几年的努力，把原来由两块水泥板拼成的危桥、险桥，全部重新修建成能通汽车的坚固的、安全的桥梁。除此之外，祁巷村又新建了几座桥，村庄的通行就此顺畅起来。

祁巷村的路况变好了，环境也得跟得上。在推进社会主义新农村建设工作中，有一条重要要求——村容整洁。要想进行环境整治，就要整改污染源，丁雪其能对祁巷村的猪鬃加工产业动手吗?

自刀也削自刀把

绿树成荫，花香四溢，小村庄青砖黛瓦，宁静如画。晨起，沿着笔直干净的硬化道路去田间劳作，看着路边花团锦簇，心情舒畅；夜归，走在流水叮咚的小河旁散步赏景，河水清澈，游鱼见底，令人陶醉。

人们都希望生活在这样富有诗意的乡村中。

青山如黛远村东，嫩绿长溪柳絮风。如今的祁巷村就像这诗中描绘的一样，走进村子，雅居美庐，满目叠翠，更让人感动的是偶遇的村民脸上惬意的笑容。

⊙ 祁巷村夹沟及两岸民居（2021年摄）

⊙ 2017年，丁雪其到现场查看祁巷村环境卫生情况

⊙ 2017年，丁雪其（中间）和志愿者开会探讨祁巷村环境改善方案

过去的祁巷村并不是这样的。

祁巷村主河道有“四横三竖”共七条，再加上大大小小的河流累计长20多里。过去由于长年不清理，岸边芦竹杂树丛生，河面逐年萎缩，深度也随之变浅。有的地方因淤塞成了死水，浑浊恶臭。有的地方有水生植物，特别是水花生，繁殖生存能力非常强。夏天，茂密旺盛的叶片紧贴在水面上，封住了河面，堵死了河道；冬天，茎叶腐烂，使河水变得黑臭黏稠。

“破窗效应”让群众把河道当成了垃圾场，长年累月下来，河岸、河道遍布生活垃圾，还有些养殖户把牲畜粪便直接倒进河道，加剧了河流的污染。像横穿祁巷村的横沟，原本人们可以在这里淘米洗菜、饮牛洗衣，这里却变成了臭气熏天的“龙须沟”，人们经过这里，无不掩鼻匆匆而过。

谁不希望自己的家里干净整洁呢？站在横沟旁，丁雪其面色凝重，心事重重。“我们要把治水当成治理环境的重头戏，要让祁巷村的污水变清水，死水变活水，让水成为祁巷村重要的旅游资源。”丁雪其信誓旦旦地对其他村干部说。

说干就干，村委会迅速制订了环境整治的总体方案。先从横沟开始，清垃圾、挖杂树，除水草、去淤泥，丁雪其带头，和党员干部、中心户们一起寻找曾经的流水潺潺、游鱼细石。做这些事儿，似乎没有那么难，只要行动起来，有足够的时间，并且坚持下去，最终一定能够将环境治理好。但改变村民们长期以来形成的习惯并非易事，拆了鸡舍，搬走草堆，埋上粪坑，村民们有意见、闹情绪。有的养殖户不听劝，仍然我行我素把污水粪便直接排入河道，有的村民趁着没人注意，仍然置若罔闻乱倒垃圾。常常是已经清理干净的河岸上，不知什么时候，又会出现一堆堆垃圾……

“村民的习惯和思想不是一朝一夕就能改变的，这是一个漫长的过程。他们随处扔的垃圾，我们看到就去清理，我相信总有一天，他们的习惯能够改过来。”丁雪其和其他村干部坚持着，不厌其烦，身体力行。

时间很快到了2005年，这一年，国家的一项重大决定被通过，更加坚定了丁雪其的信念。2005年10月8日，中国共产党十六届五中全会通过《中共中央关于制定国民经济和社会发展第十一个五年规划的建议》，提出要按照“生产发展、生活宽裕、乡风文明、村容整洁、管理民主”的要求，扎实推进社会主义新农村建设。

看着这20字方针，丁雪其反复体会，“中国要美，农村必须美！”他立即组织召开全体村民会议，带领大家学习新农村建设的相关政策和具体要求。他在大会上动员：“我们村的环境已经有了很大的改善，但仍然还有很大的提升空间。农村环境好了，不会比城里差，我们要走平坦的路，喝干净的水，住整洁的房子。我们的村子变美了，在外打工的人才愿意回来，外地人才愿意来投资，到时候，我们在家门口就能赚到钱，就不用再背井离乡、抛家舍业外出务工了！”

动员大会让大部分村民提高了“村容整洁”的意识，很多村民主动搬草堆、锯杂树，家禽不再散养、垃圾不再乱扔，他们也会清走占道的藤蔓、扒掉超限的围墙……

大家干得热火朝天，也期待着丁雪其为他们描绘的美丽乡村图景有一天能够成为现实！然而，村里也有几个唱反调的“老大难”。

村里有个篾匠，他家有个小竹园。竹子是在孩子满月时种下的，村里有个风俗，孩子满月时种下竹子，孩子以后就能够家业兴旺。经过几年的繁殖生长，原本种下的几根竹子已经变成了竹林。篾匠就靠这些竹子编箩筐换点儿零用钱贴补家用。可是，繁殖能力极强的竹子不断向外扩张，一直长到了河坎上，占了公家的土地。篾匠家的围墙也超了限度，垒到了大路旁。丁雪其上门劝说，篾匠把砍刀拍在桌上，撂下狠话：“谁敢拔我的竹子，拆我的墙，别怪我的砍刀不认爹和娘！”

丁雪其带着村干部和村民代表把辩论会开到他家，“没有竹园的人家，家里也很兴旺，小孩长大了也都发展得很好，你这是迷信思想！”几个回合下来，篾匠懂了理，让了步，提着砍刀砍了竹子，拆了围墙。

祁巷村还有一户村民，村里动员他搬草堆，他眼睛瞪得像铜铃一样大，“新农村建设还能让人不食人间烟火了？没草堆还叫农村？”这户村民反驳着，“咣”的一声关上屋门，不再理会门外的村干部。丁雪其知道后说：“先不理他，给他点儿转变想法的时间，先搬其他人家的。”

全村该搬的草堆都搬走之后，只有这户村民家的草堆孤零零地放在路边，突兀而杂乱。这户村民可能自己也看不下去了，在一天夜里，趁着夜色，悄悄地把草堆搬走了。

村里有位退休老人，他家挨着主路，在门口坐东朝西搭了一个鸡棚。鸡棚有两米高，里面有七八只鸡。从主路上一走一过，这个鸡棚特别显眼，而且和周围的环境很不协调。

村里多次动员他把这个鸡棚换个地方，可他就是不搬，还反驳道：“搞新农村建设，目的是让农民得到实惠，你们连鸡都不让养，老百姓从哪里得到实惠？”

“不是不让养，而是换个地方。”村干部解释说。

退休老人不挪鸡棚的理由有三：一是如果往里挪，离自家房屋门窗近，有气味儿；二是如果往西边挪，下午没阳光，影响鸡下蛋；三是如果挪到屋后也不行，因为屋后有棵银杏树，遮蔽阳光潮气大，鸡容易得软骨病。说来说去就一句话：“我这鸡棚肯定不能动！”

为了这个小小的鸡棚，村干部又去老人家里很多次，可任凭村干部跑断腿、磨破嘴，鸡棚仍然岿然不动。

丁雪其听了村干部的汇报，决定亲自去劝劝这位退休老人。丁雪其拄着双拐到了老人家里，寒暄几句之后，丁雪其说：“您是退休老同志，有觉悟、有威望，新农村建设您应该带头……”还没等丁雪其说完，老人就知道了丁雪其的来意，他“腾”地一下站了起来，瞪着眼睛，声音也提高了八度，几乎是大喊着对丁雪其说：“谁动我家的鸡棚子，我们老两口儿就把鸡杀掉吃肉，然后再找你们慢慢算账！”看到老人情绪激动，丁雪其只能暂时离开，从长计议。

驻村干部也到老人家里上门做工作，听说他家的鸡棚是瓦工用两个工时砌的，就向老人承诺，鸡棚搬了以后，补偿他付给瓦工的工资，可老人还是不同意。驻村干部也无功而返。

丁雪其坚信人心都是肉长的，精诚所至，金石为开。从那之后，他每天早上或晚上都会到老人家里走上一遭，他和老两口儿聊家常过往，谈村庄规划，只是没再说挪鸡棚的事儿。

10多天后的一个晚上，丁雪其像往常一样，一瘸一拐地往老人家走，离得老远，他就感觉老人家门口怎么比平时敞亮呢？似乎少了什么。紧接着，他笑了，自己将近半个月的坚持和口舌没有白费，老人主动挪走了鸡棚。

猪鬃加工，一直都是祁巷村村民增收的主要途径。随着丁雪其的公司规模越来越大，以及越来越多的村民加入，污染问题也越来越严重。尤其是夏天，清洗猪鬃的污水直接排进河里，造成水体发臭发浑；有的村民把清洗后的猪鬃晾晒在门口，甚至路上，影响村容不说，气味更是难闻。在新农村建设中，环境整治是重点工作，丁雪其意识到，即便猪鬃产品生产是自己发家的产业，他也不能袒护，任其污染环境。

丁雪其立即召开村委会，提出了自己的想法，他要来一次“猪鬃革命”。一是停止染色工艺，并要求所有猪鬃加工户购买半成品加工，这样就不会因为再清洗猪鬃，而污染水体了；二是逐步建立猪鬃加工园区，大家集中在一处作业，避免村里空气被污染；三是学中公司投资建设污水处理系统，解决公司清洗猪鬃产生的废水问题。从此之后，祁巷村的猪鬃加工污染问题得到了彻底解决。

“谁说自己的刀削不了自己的把儿，你就做到了！”事后，村民们竖着大拇指，和丁雪其打趣道。

经过全村人的努力，曾经脏乱差的祁巷村面貌焕然一新，芳草葳蕤，绿水绵延，白墙黛瓦掩映其中，如诗中桃源。

丁雪其仍不止步，他还要为祁巷村争取更大的荣誉！

⊙ 2022年，丁雪其（中间）在学中公司指导青年干部做猪鬃产品

候补也能入列

2010年2月，泰兴市50个“新农村建设试点村”名单已经敲定，祁巷村并不在名单之中。

丁雪其深知成为新农村建设试点村的意义，它在推动农村经济发展、增加农民收入、提高农民生活质量等方面有着重要的作用。没有机会就要争取，于是，丁雪其奔波于各个部门之间，找领导汇报申请，用祁巷村这些年取得的成绩摆事实、讲道理，积极要求加入试点村行列，他一再表示自己有能力、有决心把试点村建设好。领导调查后拍板：“祁巷村不是试点村？他们做得这么好，应该被列为试点村！”全市50个“新农村建设试点村”也就变成了51个，祁巷村以“候补”身份入列。

试点村建设需要自筹资金，丁雪其十分珍惜这个来之不易的发展机会，他多方筹资，先后投入800多万元，不仅将全村道路全部硬化，还在主要道路两侧安上了路灯，栽种了树木。健身广场、休闲公园、农民大舞台等设施也先后建成。

2011年底，祁巷村顺利通过泰兴市“新农村建设试点村”验收。但是，泰州市在确定10个“新农村建设示范村”评选时，祁巷村再一次失之交臂。这一次能否入围，关系到配套资金是否到位。

丁雪其再一次凭借他的韧劲儿，多方争取，又一次以“候补”身份参评，成为第11个参评村。

以“新农村建设示范村”的评定标准为任务驱动力，丁雪其带领村干部和全体村民继续加大环境整治的力度和投入，利用路道、河坡，建成村庄绿化观光带，全村绿化面积96 000平方米，覆盖率达45%以上；建成千亩优质果林基地；建成一批特色旅游项目。

丁雪其不仅重视“硬件”建设，“软件”提升也在同步进行。村里经常举办各种培训，讲授实用技术，提高村民素质；开展“十佳文明户”“文明家庭”“平安家庭”“好媳妇”“好公婆”等评选活动，形成良好的民风村风；制定《村规民约》，发放《自觉保护环境卫生告知书》，增强村民卫生文明意识……经过一系列的措施，村民的行为由规范变成了自觉，由自觉变成了习惯。

2012年末，祁巷村各方面指标合格，顺利通过“新农村建设示范村”验收。“尽管祁巷村是个候补村，但它比其他示范村做得更好。”一位参与验收的负责人曾这样说。

有了这两次“争”的经历，丁雪其说，祁巷村能有今天的发展，主要是得益于国家的好政策，但有了好政策，自己也得去争取。

2017年初，江苏省开展特色田园乡村建设试点村评选，当时祁巷村并不具备争创条件。但当丁雪其参加一次有关评选的重要会议后，他又一次“冒失”地站了起来，让同行的两位同事搀扶着他，一瘸一拐地走上了发言席。

台上的参会领导不明所以，脸上都是惊讶的表情，小声嘀咕着：“这是什么情况？怎么突然来了个残疾人？”丁雪其有备而

⊙ 2022年11月，丁雪其（左二）参加江苏省十三届人大常委会第一百三十八次主任会议并发言

来，并不理会，迅速抓住主题，满怀激情地介绍起祁巷村的情况，希望省领导能够给祁巷村建设特色田园乡村的机会。听完丁雪其的陈述，省领导不仅看到了一位身残志坚的残疾人，也看到了一位有理想、有志向、有抱负、有情怀的基层党组织书记。“建设特色田园乡村的机会，如果不给祁巷村，那还能给谁呢？”省领导当场决定同意丁雪其的请求。

“所以说，机遇从来不是别人恩赐的，也不是找领导说情要来的，而是要靠自己奋力争取才能得来。”“争”成了丁雪其振兴乡村的秘诀之一。2019年末，祁巷村通过验收，从新农村建设到特色田园乡村建设，这是祁巷村发展过程中的一次历史性跨越。

泰兴市实验初中的学生袁靖然参观祁巷村后，在作文中这样写道：

> 这里是树的世界，花的海洋。这里是农家田园，小桥流水；这里是生态庄园，步步皆景；盈盈气象，天然氧吧，置身其中，人静思远……未来的祁巷，必将成为生态旅游胜地……

这位初中生的话，将被一一实现。

中国要美，农村必须美。在祁巷村蝶变的过程中，社会主义新农村建设也正在祖国大地上其他乡村中如火如荼地进行着。江南水乡小桥流水，华北平原良田纵横，西南山区竹海苍翠，一个个干净整洁、风光宜人的村庄，犹如巨画上绚丽的色彩，每一笔都为美丽中国锦上添花。

⊙ 祁巷村夹沟及两岸民居（2021年摄）

第六章　逆袭之路

拿下肉鹅市场

猪鬃，看似不起眼，但因其具有弹性佳、油性大、不易变形、软硬适中、结实耐用、吸附性好等特点，被广泛用于制作鞋刷、牙刷等物品。丁雪其的猪鬃产品不仅在国内是畅销货，还远销欧美。

不过，猪鬃加工需要一定的技术，从原料到成品，要经过弹毛、滚团、蒸毛、晒干、分尺、水煮、烘干、倒顺等一系列工序。丁雪其带着有猪鬃加工技术的村民先富了起来，但那毕竟是少数。对于一个常住人口超过5 000人的大村，那些没有加工技术的村民，让丁雪其犯了愁。

怎么能让这些村民除了种田外，增加额外的收入呢？那段时间，平时基本没有时间看电视的丁雪其，将目光锁定在了《致富经》《致富情报站》等节目上，就连在梦里他都在为村民们寻找致富项目。

经过一段时间的关注，丁雪其发现，肉鹅饲养生产周期短，养殖技术比较容易掌握，经济效益也不错。而且祁巷村河塘多，比较适合养殖肉鹅。想到就行动，这是丁雪其的一贯作风，他开始鼓励有条件的村民养鹅。

规模养鹅与往常家里养三五只不同，存栏数量大，还要考虑销路，一旦暴发传染病，村民们不但挣不到钱，本钱也会亏进去。刚开始听到丁雪其的想法，村民们顾虑重重。

为了消除村民们的顾虑，丁雪其参照其他地方的做法，于2008年，把丁庄附近的一片河塘规划为养鹅基地，并组织人员，成立了泰兴市第一家养鹅合作社，帮助有意愿、有条件，但没有技术、没有门路的村民发展家庭规模养鹅。

“不用你们花钱，合作社买鹅苗，还负责技术指导、饲料供应，防疫、治病这些都不用你们管，你们只负责把鹅养大就行，养大了合作社回购！”丁雪其这样说，才免去了村民们的后顾之忧，不少村民纷纷加入养殖肉鹅的队伍中。

其实，这个时候，丁雪其还没有找到肉鹅的销路。在市场上摸爬滚打了几十年，他知道“不要等万事俱备，先做了再说”的道理，路是自己蹚出来的！

这头，合作社购进鹅苗、饲料，发放给养殖户，并且联系好技术、防疫等方面专家现场指导。那头，丁雪其拖着病腿，开始四处走访各大农贸市场，寻找合作机会。

经过3个多月的考察，丁雪其发现扬州一家大型农贸市场肉鹅的销量很大，但对肉鹅品质的准入门槛也很高。丁雪其并没有知难而退，因为追求品质恰恰符合他的经营之道，只有对品质把好关，合作才能长久。

为了啃下这块“硬骨头”，丁雪其多次跑到扬州这家农贸市场的办公室和负责人商谈。市场办公室位于6楼，没有电梯，腿脚不便的丁雪其每次去都是抓着楼梯扶手把身体往上拉，走一层歇半天，爬到6楼时他浑身都湿透了。即使这样辛苦，他从没有拿这个说事儿，让市场负责人同情自己。直到他第5次来到市场，爬到5楼时，被市场负责人无意间碰到。

负责人看着丁雪其两手紧紧地抓住楼梯扶手，费力地把身体向上拽，再凭借一条腿的力量，跳到上一级台阶上……这样走几步就要停下来大口喘着粗气。

市场负责人赶紧快走两步上前搀着丁雪其，脸上既有感动又有羞愧："丁主任，真是没想到您每次来都是这样上楼的，以后您就不用来了……"听到负责人这么说，失望之情立刻涌现在丁雪其的脸上，这其实也在他的意料之中，但他还想再争取一下，刚想说话，负责人接着说："您为了村民养鹅致富这样辛苦，我们有什么理由不支持你？我答应和你们合作。"丁雪其激动得不敢相信自己的耳朵，5次来访终于有了结果，总算能给乡亲们一个交代了。

他一时不知该怎么表达，顺手抱住了市场负责人，嘴里一直念叨着："谢谢！谢谢！我替乡亲们感谢你啊！"

农贸市场为祁巷养鹅合作社提供了一个30平方米的摊位。祁巷村养殖户定期用拖拉机把活鹅运输到市场，现场屠宰。因扬州人喜好"盐水鹅"，所以肉鹅销量很大，仅这个小摊位每天的销售额就高达数千元。

凭着这股干劲儿，丁雪其又攻克了无锡、常熟等地的市场。

从鹅苗购买，到幼鹅饲养，再到成鹅销售，合作社提供的一条龙服务，让村民们的养殖积极性高涨起来。当年，全村养鹅户就达50户，年销售肉鹅10万多只。这些养殖户每家每年平均增收六七万元，最多的达到十几万元。乡亲们见到丁雪其就说："你这个村主任，我们真是没选错！"大伙儿满意的笑容，就是丁雪其最大的动力，他的干劲儿更足了。

“家财万贯，带毛的不算。”这句话折射出老一辈人的经验，说的是养殖的风险极高，丁雪其也深谙这一道理，他要继续思考，为乡亲们免除后患。

遭遇淘汰的葡萄苗

土地，是农民的命根子，在祁巷村也不例外。村民们祖祖辈辈守着自己的一亩三分地，日出而作，日落而息，耕田种粮，灌溉除虫。一天三顿，靠天吃饭。

祁巷村过去一直是以种植稻麦为主，上半年种小麦，下半年种水稻。丁雪其心里盘算着，祁巷村的土地是沙质土地，相对贫瘠，乡亲们面朝黄土背朝天，一年到头，再怎么忙碌，收成都差不多，如果遇到年谷不登的荒年，吃饭就成了问题。光种粮不行！

猪鬃加工、畜禽养殖虽然能增加乡亲们的收入，但由于观念难以改变，技术也存在壁垒，一直以来只是一小部分人参与，难以普及。要想让所有的村民都富起来，就必须发展祁巷经济，培植主流产业。要想发展经济、培植产业，就必须用好祁巷村的自然资源。但祁巷村的自然资源只有土地，而且是贫瘠的沙质土。

这似乎是一个死结！

多少个辗转反侧的漫漫长夜，丁雪其思考着，和自己博弈着。

贫瘠的土地，怎么才能产生更大的效益呢？田是死的，人是活的，活人是有智慧的，对，要靠科学，科学经营才能增加收益。土地不一定非得种粮，适合种什么作物，什么作物效益高，我们就可以种什么。

人的智慧可以让死田变成活田，先前看电视上的农业节目时，丁雪其了解了有些果树喜欢沙质土壤，一个计划在他脑海中逐渐清晰起来，他要把土地——庄稼人的命根子，变成他们的“钱袋子”。

“什么？不种粮食种果树？将来水果能当饭吃？”丁雪其这“离经叛道”的想法刚提出，村里就炸开了锅，特别是那些种了一辈子粮食的老人们，头摇得像拨浪鼓。不仅如此，长期和丁雪其一起工作的村干部们也都面面相觑。

在村委会工作了这么多年，丁雪其深知，要改变乡亲们的观念并非易事。他坚持自己的规划，立即搬出党的十七届三中全会通过的《中共中央关于推进农村改革发展若干重大问题的决定》，组织村干部和村民党员一起学习党中央对高效农业、土地流转、乡村旅游等方面的方针政策。

“党的方针政策，就是在为我们指明方向，只种地，解决温饱不成问题，但要想富起来很难！我们要抓住机会，抓住了机会，才能富！”丁雪其耐心地做着大家的思想工作。

改变村民们的观念，并不是开一次会、学习几天文件精神就能解决的，你说上一水缸，他们听进去一茶缸就不错了，让他们拿赖以生存的土地收成当赌注，这耳听为虚的事儿，他们可不干。

“要干，你先干！”村民们这样回应。

面对各种质疑的声音，丁雪其又想了一个招儿。他决定，由学中公司承担全部费用，组织村里100多名村干部和村民分批外出旅游，当然，旅游的目的地可不是名山大川、古迹景点，而是新农村建设示范村，让他们去实地参观考察，学习高效农业的发展模式。

“他舍得自费带着我们出去考察，却舍不得给自己买辆轮椅，谁家的钱也不是大风刮来的，当时我们就想着一定好好学习别人的经验。”现在回忆起来，村民们仍然心存感激。

从泰州市姜堰河横村开始，他们一路向南到苏州市张家港蒋巷村，最远到浙江宁波滕头村。每到一个参观地点，行动不便的丁雪其总是向当地人借一辆三轮车代步。他们一边参观，一边请当地干部和企业家介绍发展经验。到了吃饭的时间，他们就去品尝当地的农家特色餐饮，商量着有没有把它们引入祁巷村的可能。

“回来以后，趁着大家参观学习的热情还未消退，我立即组织召开全村干部、党员、村民代表大会，总结外出参观学习的经验，请大家交流外出的感受。当时大家都很兴奋，特别羡慕人家新农村的景象。我趁热打铁，在大会上说，我们也要这样干，人家能想到的东西，我们也可以想。而且不光想，还要实实在在地干，还要比人家干得更出色。”丁雪其回忆这一幕，心情仍然十分激动。

有些村民仍然信心不足，担心亏本，丁雪其想起村民们先前说的那句话“要干，你先干”。为了进一步消除村民们的顾虑，2010年秋，他从学中公司出资100万元，流转土地120亩，在某高校高薪聘请一位专家进行指导，带头种起了葡萄，建成全村第一个高效农业项目——葡萄园。他还动员其他村干部：“每个村干部必须从事一项特色种植，没钱找我拿，盈利了，是你们的；亏了，算我

⊙ 上图　2019年，丁雪其（中间）在小杂粮种植基地查看农作物长势

⊙ 下图　2021年，丁雪其（左三）带领年轻干部学习最新精神

的！”话说到这个份儿上，村干部们即使再担心，也不好意思拒绝了。

大学生村干部何海宁年轻有魄力，脑子活，胆子大。她拿出全部积蓄12 000元，流转土地10亩，种起了洋葱。其他村干部这才纷纷跟上，每人流转土地10亩或20亩。有了村干部带头，普通村民也不再犹豫，开始尝试特色种植。一时间，洋葱、花生、大豆、韭菜、菠菜、甜豌豆等在祁巷村的土地上破土而出，老远望去，一片葱茏。当年，全村发展高效农业种植达到1 000多亩。

祁巷村在高效农业里搞出了名堂，但这条路并没有那么好走，也并不是每一家都能走得很顺利。

第一年，专家每周都会带着学生来葡萄园进行技术指导。第三年，到了结果的时间，丁雪其发现结出的葡萄粒小、量低、口感酸，就找来当地专家请教，专家看了之后，说丁雪其种下的葡萄苗是被淘汰的品种。

丁雪其一时无语，他没有责怪任何人，也没有追究专家的责任，把葡萄秧全部拔掉后重新栽种，默默承担了3年来先后投入的100多万元的损失。

“钱亏了可以再赚，人心若是散了，就难聚了，所以有苦我只能自己咽。这些年，我们花钱买了太多的教训，从事农业真的太不容易了。”时隔多年，早已云淡风轻的丁雪其笑着说。

过去以种植传统作物为主的祁巷村，发展高效农业，不仅需要胆识与魄力，更需要知识和技术。丁雪其显然也意识到了人才的重要性，他开始把目光聚焦在本村走出去的大学生身上。如果他们能够回来就业或创业，支持家乡发展建设，那该多好啊！

从祁巷村走出去的大学生丁冬是天津城建大学的高才生，2011年毕业后，他选择了繁华的上海为事业的起点。刚毕业那会儿，他的父亲曾劝他回村创业，但他心中满怀对大城市的憧憬，认为农村机会有限，坚持要去上海闯荡。

丁雪其和丁冬的父亲丁建兵是发小儿，两家还是邻居，每当丁冬回家时，他就到丁冬家里和他聊天，话里话外劝丁冬回村工作，并表态在政策和资金上予以支持。丁冬一直在犹豫，丁雪其却从未放弃。

“去哪儿不是工作啊？大城市压力也大，现在农村发展这么好，也需要人才，回来吧！”

“回来干点什么都需要本钱，我没钱啊，叔！”

“只要你回来，资金上我支持你！”

2013年春，丁冬心动了。

丁雪其把自己刚刚旧苗换新苗的葡萄园交给了他，作为他的创业基地，让他学种植、学管理、学销售。

“你就放心大胆地干，这个葡萄园我就给你了，挣了钱是你的，赔了算我的。”丁雪其永远是这句话，就是这句朴实的话，曾多少次成为定心丸，解了乡亲们的后顾之忧。

可是，丁冬和父亲打理葡萄园的过程并不顺利。第一年，因不懂技术，白忙活了一年；第二年，因排水不畅，成熟的葡萄烂在了地里；第三年，一场大雪压垮了一大半钢棚，损失了30多万元。

连年的打击，让丁建兵父子喘不过气，展不开眉，信心几乎被击垮。多少次，丁雪其亲自来找他们，不仅在精神上鼓励他们父子，还在资金上支持他们。丁冬和父亲总结经验，学习技术，不断

⊙ 2018年，丁雪其（右）帮助村民分析农作物出芽时间晚的原因

⊙ 2018年，丁雪其（左一）在水果基地查看果子收成情况

改进栽培方法，几年下来，他们的葡萄园产出的葡萄在市场上成了抢手货，每年还没到葡萄采摘时节，就被预订一空。

在打理葡萄园之余，丁建兵还利用空闲场地散养鸡、鸭、鹅、羊等畜禽，远销浙江、上海、无锡、苏州等地。

丁雪其总是能够敏锐地嗅到市场商机，扶持村民先后建成了桃园、火龙果大棚等果蔬基地，再加上葡萄园，吸引了很多城里人前来采摘。他还用自己的人脉关系，吸引了一批投资者。经过几年努力，祁巷村陆续建成了粮食、芋头、水产、蔬菜和水果等5个“千亩基地”，农业结构调整收效斐然。

让省道改规划

常言道：“要想富，先修路。”这亘古不变的道理，道出了发展经济、改善民生的关键所在。修路不仅意味着交通的便捷，更象征着信息的流通、文化的交融和财富的汇聚。只有道路畅通，资源、人才和市场才能紧密相连，才能推动地区经济的繁荣发展。

这些年来，祁巷村修旧路、开新路，每一条道路丁雪其如数家珍，这些道路的修建也确实改善了祁巷村的环境，增加了祁巷村与外界交流的机会。可是，在丁雪其看来，村里的道路只是毛细血管。仅仅疏通毛细血管还远远不够。

过去，没有大路直通祁巷村。祁巷村南边的横长公路，只是一条土路，坑洼不平；有一座小水泥桥连通祁巷村，但水泥桥桥面狭窄；进入祁巷村还要经过铁路桥下的一个涵洞，涵洞又窄又低。这样的路况，大型车辆很难通过。

“不解决村子与外部连通的道路，祁巷村的发展仍然会有瓶颈，我们必须想办法，让我们祁巷村能够更顺畅地走出去，让外面的人更顺畅地走进来！”当时，祁巷村已经制订“高效农业上规模，乡村旅游拉人气，传统文化升品位，养老健身创效益”的发展目标，丁雪其和其他村干部说，如果道路的问题不解决，这个目标就很难实现。

现在的江苏S334省道，西起长江之滨，一路向东，直至浩瀚的东海之滨。它横穿祁巷村，与这片生机勃勃的土地紧密相依。特别是其中一段路紧邻祁巷村小南湖风景区北大门，为到小南湖风景区游玩的游客带来了极大的便利。祁巷村也因这条省道的穿越，招商引资与旅游业的发展得到了极大的推动，焕发出前所未有的生机与活力。

然而，S334省道在2010年规划之初，并不经过祁巷村。

最初的规划图是省道进入泰州市后，从溪桥镇往东北方向，经过黄桥镇勤丰村，再到分界镇方向。按照这个线路图，S334省道正好绕过了祁巷村，距离村子最近的地方也有将近两千米。

丁雪其与哥哥丁其全得知这一消息后，心中不禁涌起一阵波澜。一个大胆的想法在他们的脑海中闪现：若是这条省道能从祁巷村经过，那该多好啊！然而，这个想法刚一出现，就让他们感到有些惊异和不安。毕竟，省道的路线早已规划妥当，怎么可能因为一个小村庄而轻易更改呢？但这个念头一旦产生，就如同野火在他们心中燃烧起来，再也挥之不去。他们甚至开始憧憬着省道穿越村庄后的种种可能，那些关于家乡发展、村民致富的美好愿景，也在他们的脑海中逐渐清晰起来。

不管结果如何，丁雪其打算试一试。

要想改变省道规划，非有充足理由不可，说服上级领导绝非易事。丁雪其深知事不宜迟，于是他立刻召集几名村干部，携带施工线路图，亲自前往实地勘察。经过一番细致观察，他发现，按照已审批通过的线路图来看，S334省道将直接从刚刚建成的黄桥工业园区中间穿过。这样一来，园区将被一分为二，不仅影响了园区的整体布局，显然也不利于黄桥镇的发展。

发现这一弊端后，丁雪其立刻跑到黄桥镇政府，急切地向镇领导汇报了自己的想法。他言辞恳切，陈述利弊。他提出，如果S334省道能够向南偏移两千米经过祁巷村，将带来三大益处。首先，黄桥工业园区将得以保留完整，避免因省道穿越而导致园区被分割，更有利于园区的整体发展和布局优化。其次，省道经过勤丰村地带就要拆除大量民房，需要支付高昂的拆迁费用，而向南偏移则无须拆迁，可节省一大笔费用，减轻财政负担。最后，省道从祁巷村地界经过，将为祁巷村带来一条与外界交流的大路，能够极大地促进乡村旅游开发，为当地经济注入新的活力。这是一举三得的事情！

镇领导在听完丁雪其的详细分析后，深感其言之有理。尽管施工图已审批确定，更改路线似乎困难重重，但他们被丁雪其的真诚与远见打动。为了验证丁雪其的想法，镇领导不畏酷暑，亲自前往实地进行了三次考察。经过实地勘察，他们确认丁雪其的建议确实可行，并且有着诸多显而易见的好处。

接下来，镇领导也马不停蹄地将此事层层上报。丁雪其和丁其全也没干等着，他们多次前往省城常驻，向相关部门请示，进行深入沟通。他们的努力与坚持，终于换来了回报。

最终，在江苏省多个相关部门的联合组织下，专家们进行了深入的论证与审议。经过严谨的评估与讨论，他们一致同意更改S334省道的施工线路。

这一喜讯传来，丁雪其和丁其全激动不已。他们深知，这一改变将为祁巷村带来巨大的发展机遇。同时，他们也感到无比的自豪与欣慰，因为他们用自己的行动与智慧，为家乡的发展又贡献了一份力量。

“能叫省道改道，简直不敢想象！这么一改，能让祁巷村长久受益，祁巷村的经济发展至少能提速10年。”一位退休的老干部这样感叹道，他见证了祁巷村从贫穷落后到逐渐崛起的过程，深知其中的艰辛与不易。

2011年，S334省道开始施工，建成之后，这条省道就像祁巷村的大动脉，让祁巷村在乡村旅游开发上如鱼得水。

第七章　欲流之远

扫码解锁

◉群英颂歌◉振兴先锋

◉共同富裕◉奋斗底色

四月芳菲，春光无限。桃红柳绿间，云燕轻舞，飘逸如诗。

祁巷村，如一颗璀璨的明珠，镶嵌在黄桥镇南的锦绣大地上。这里，绿意盎然，莺歌燕舞，每一处都洋溢着生机勃勃的气息。微风轻轻拂过面颊，仿佛带着丝丝甜意，令人心旷神怡。

白墙黛瓦的农舍错落有致，炊烟袅袅升起，诉说着乡村的宁静与温馨。麦浪起伏，如同金色的海洋，在阳光下闪耀着璀璨的光芒。果木葱茏，叠翠流金，为这片土地增添了几分妩媚与娇艳。

游客们从四面八方纷至沓来，他们被祁巷村的美景所吸引，被这里的田园风光所折服。他们驻足观赏，流连忘返，只为尽情领略祁巷村的风采，品味那独特的田园胜景。更有那美味的“祁巷八大碗”，让人回味无穷。

险些夭折的金辰公司

祁巷村的高效农业办得风生水起，不少家庭的收入又有了新的增长点，乡亲们是知足了，可是丁雪其还不满足，他觉得乡亲们虽然在家里就能把钱赚到，可这毕竟是被动的收入，自己作为“领头雁”，不能仅止于此，他要主动出击。于是，丁雪其又将目光瞄准了“乡村旅游”，他决定要成立一家公司，进行市场化运营。

2011年，祁巷村通过自筹和引进资金的方式，成立了“江苏金辰农业科技有限公司”（以下简称金辰公司）。丁雪其和哥哥丁其全，以及村两委的其他成员，利用各自的人脉资源，寻找亲戚朋友参股金辰公司。经过多方努力，公司最终以600万元注册资金成立。

“金辰公司是祁巷村引进的第一家民资企业，成立的初衷是把它作为招商引资的平台，吸引更多的客商来投资我们的乡村旅游事业。这样既能解决百姓的就业问题，又能壮大集体经济……”丁雪其叹了一口气，接着说：“可是，开始我们遇到了很大的困难。”

金辰公司成立后，祁巷村乘势而上，在硬件设施上加大投入，进一步优化环境。道路宽敞整洁，两旁绿树成荫，花坛点缀其间，每一处都展现出祁巷村的新面貌，确保每一位客商来访时都能留下美好的第一印象。

在服务方面，丁雪其更是亲自挂帅，他十分清楚，服务是吸引客商的关键。他带领团队，为前来洽谈投资的客商提供全方位的服务，从前期接待到后续跟进，每一个细节都力求完美。他的热情与真诚，让客商们感受到了祁巷村的诚意与实力，极大地增强了他们的投资信心。

构想是美好的，现实有时却很残酷。金辰公司成立之初，由于经验不足，对市场信息了解不多，种植的蔬菜、水果，养殖的猪、羊等成本过大，收益较低，加之经营不善，连年亏损，亏损程度已严重到资不抵债。这直接影响到股东的利益，因赚不到钱，股东对公司的前景失去信心而纷纷退出，公司濒临倒闭。

“努力不能白费，村民们不能失业，公司必须办下去！”

这是丁雪其和其他村干部商量对策时，达成的一致意见。但想要渡过难关谈何容易，正在大家像热锅上的蚂蚁苦寻出路之时，丁其全为了帮助弟弟，不顾家庭和好友的极力反对，全盘接过了这个

“烂摊子”。

“一定要把公司办下去，而且要办好，让祁巷村村民不出村就能有班上，有工资拿……”丁其全暗下决心。

首先要解决的就是资金问题。由于金辰公司已经没有任何抵押品可以获得银行贷款，丁其全毅然决定，将自己的房子和两个儿子的房子全部抵押。丁雪其同样不含糊，将自己的学中公司进行抵押，以换取贷款支持金辰公司的发展。不仅如此，兄弟俩还动员其他兄弟姐妹，用房子进行担保贷款。

资金的问题暂时解决，但由于管理人员基本是丁其全和丁雪其带着村干部兼任，他们没有经营经验，也不了解市场。刚开始，公司管理混乱，资金审批漏洞百出，物资流失严重。更严重的是金辰公司因为担保大额贷款而受到债务牵连……不久之后，公司又债台高筑，举步维艰。“金辰公司欠的债太多，这回真办不下去了！”一时间，流言四起。

“挫折和教训，使我遭受了人生最大的打击。但我必须挺住，必须坚持，决不能让祁巷人民背负一分钱债务……”丁其全回忆说。

“那个时候，我大哥确实替我承担了很多，如果没有他，我可能就放弃了。冷静下来之后，我们分析，还是得找专业的团队来管理，我们属于草台班子，这样不行！”丁雪其指出问题的症结所在。

作为“领头雁”，丁雪其非常清醒，他发现，农民创业在观念上具有先天的狭隘性，他们对创业持保守态度，缺乏冒险精神和创新意识。他们往往满足于现状，不愿尝试新的经营方式，把握不住市场机会，这使他们在创业道路上难以有新的突破。认识到这一点，丁雪其决定引进人才。

打仗亲兄弟！兄弟俩经过多方联系沟通，聘请退休的事业单位干部、学校校长、高级知识分子，迅速组建起了一支管理队伍。同时，两人还特别重视培养本村青年，丁冬就是在这个节骨眼儿上被丁雪其劝说回村创业的，丁雪其不仅把自己的葡萄园交给他经营，还把他安排到金辰公司工作。

丁冬在工作中遇到难题时，总会虚心地向丁雪其请教，丁雪其也总是不厌其烦地耐心解答。村里上了新项目、引进了新设备，丁雪其都会特意安排丁冬参与或主持相关工作。黄桥镇成立小南湖门市部时，丁雪其力荐丁冬担任负责人，并让他全面负责项目的筹备和运营。祁巷村与康辉旅行社合作成立黄桥分社时，也是如此，丁雪其充分信任丁冬的能力，放手让他去做。“全国乡村文化和旅游能人”评选，村里名额有限，丁雪也是极力推荐这个新人。丁冬在创业期间，作为一名刚返乡不久的大学生，没有资源积累，资金成了“拦路虎”，丁雪其就利用自己的个人信用为他担保贷款，缓解他的资金压力……

还有在税务部门工作的丁正兵，也被丁其全动员到金辰公司工作。

丁雪其的想法很简单，就是充分地锻炼年轻人，让他们充分发挥自己的才能，让他们在实践中不断学习和成长，让他们成为祁巷村的中流砥柱。

丁冬和丁正兵也不负众望，逐渐成为金辰公司的骨干，为祁巷村的发展贡献着自己的智慧和力量。如今，两个人都已成为金辰公

⊙ 2022年，丁雪其（左）在丁冬（右）承包的草莓园查看草莓生长情况

司副总经理。看到他们的成长和进步，丁雪其深感欣慰，也更加坚信祁巷村的未来会因为这些年轻人而更加美好。

人才的引进和培养是一个长期而复杂的工程，有时并不能立竿见影，他们需要的是实践的磨炼和经验的积累。金辰公司虽然在最初引进一些专业的管理人员之后逐渐走向正轨，但还是会有一些意外发生，这是在所难免的。

2016年2月，“泰兴市首届牡丹节”要在祁巷村举办，一切准备就绪，哪知从前一天黄昏开始，狂风伴着暴雨来袭，舞台被掀翻，大幅背景板被吹毁，花田里的牡丹花也危在旦夕。丁其全见状，立即组织人手，顶着风，冒着雨，带头站立在牡丹园里，用长布条遮住牡丹花，尽量避免花凋叶落。雨停后，他又带着大家重新布置会场，并派人连夜到花木市场购买牡丹盆花，替换受损的花株。第二天，活动如期举行，人们丝毫没有觉察到前一夜狂风暴雨带来的影响。

丁雪其说，每一次重大活动，每一项大型接待工作，对祁巷村来说，都是一场“硬仗”，很多时候，他们都能化险为夷。但是，既然是“打仗”，他们也不免有“打败仗”的时候，不过，失败会让他们变得更加强大。

2014年，祁巷村举办的小南湖灯会，规模空前，游客摩肩接踵。最多时，祁巷村一个晚上接待了三四万名游客。面对如此规模的活动，祁巷村经受住了考验。但最后核算下来，整个灯会却亏损近400万元。究其原因，发现是前期赠票太多，赠票被倒卖，平均算下来原价80元的门票仅卖了二三十元。

2015年春，祁巷村和一家投资公司谈妥，先后引进100多万元的牡丹苗，发展以牡丹花为主题的旅游项目。投资公司承诺会在祁巷村投资15亿元进行深度合作。可15亿的投资承诺只是空头支票，没有兑现。2016年，祁巷村虽然成功举办了“泰兴市首届牡丹节”，但请专家鉴定之后发现，通过该公司引进的牡丹苗是被淘汰的品种，而且价格远远高于市场价。

2017年5月，祁巷村举办了“中国泰兴黄桥双人钓鱼大赛”，这是祁巷村、金辰公司共同举办的第一场全国性赛事，活动开展得非常圆满。但最后核算，活动却亏损100多万元。总结原因，原来是比赛操作流程不当，钓上来的鱼暂放到塑料箱内，而买家失约，没有来取鱼，造成大部分活鱼死亡。

…………

金辰公司另一位副总经理周红，原本在泰兴百货公司承担管理工作，在金辰公司创办之初，丁雪其三顾茅庐，请她到公司参与管理工作。回顾公司走过的路，周红感慨万分，对丁雪其和丁其全敬佩之至：“金辰公司一路走来，不知爬了多少坡，过了多少坎，克服了多少艰难险阻。雪其书记两兄弟，吃的苦，操的心，简直没法说。你说，他们是为钱还是为名？他们什么都不缺，完全可以在家享清福，却硬要吃苦受罪。他们图什么？图的是办好金辰公司，造福祁巷村的村民。”

成立金辰公司的目的，是发展“乡村旅游”，而旅游要依托自然资源或人文资源，可这两项，祁巷村都不占优势。没有优势，那就“无中生有”！

从无到有的小南湖

祁巷村所属的黄桥镇，是千年古镇，历史底蕴深厚。早在汉高祖时期，这片土地便以“永丰里”之名，孕育着丰饶与希望。岁月流转，北宋建镇，更名为“黑松林”，似乎诉说着一段神秘而悠远的传奇。元末明初，古镇再度易名，以“黄桥镇”之姿，屹立于历史的长河之中，见证着时代的变迁与文明的演进。

黄桥镇还走出了清代的音韵家何萱、辛亥元老朱履先、物理学家和剧作家丁西林、生命科学家王德宝……可谓人才辈出。

1940年深秋，新四军为解放苏北，与国民党反动派军队在黄桥展开了一场震撼人心的“黄桥决战”。战役打响之际，黄桥镇上的村民家灯火通明，村民们昼夜不息，只因为在为前线将士赶制烧饼。村民们不惧炮火，将烧饼送至阵地，那香气与勇气交织，谱写出一曲流传至今的《黄桥烧饼歌》。

时光流转，近70载后，2009年，黄桥镇凭借着这片红色土地所承载的丰富历史文化，开辟了“红色旅游”，吸引了无数游客前来追寻历史的足迹。祁巷村，与黄桥镇相距不足五千米，却仿佛是两个世界。丁雪其站在村头，凝望着那条通往黄桥镇的路，心中思索着，怎么把那些被黄桥历史吸引的游客引流到祁巷村呢？

祁巷村，虽无红色资源，但生态环境还可以。近几年，高效农业蓬勃发展，规模渐显。村“两委”讨论后决定，以“绿色旅游”为主题，与黄桥镇的“红色旅游”交相辉映，让游客在追寻红色足迹的同时，也能领略祁巷村的绿色之美，感受大自然的宁静与和谐。

他山之石，可以攻玉！丁雪其再次带着村干部出去考察了，他们先后到浙江安吉、绩溪和江阴华西等地参观学习。市、镇领导在看完祁巷村的考察报告和发展规划后，均明确表示将全力支持祁巷村发展乡村旅游的大胆设想，并帮助祁巷村请来多家旅游规划设计公司，对祁巷村乡村旅游进行规划设计。

拿到设计方案后，丁雪其激动得好几个晚上没睡着觉，望着窗外，他仿佛看到了旅游景区建成的样子：

广袤的田野上空，云雾缭绕，阳光透过轻柔的云层，洒落在翠绿的祁巷大地上，村中清澈的溪流，在绿树丛中穿梭，发出潺潺的流水声。

近处的树林中，伴着鸟鸣虫吟，游客们沿着宽广的道路走走停停，每个人的脸上都洋溢着兴奋和期待。

再近处，孩子们在水边嬉戏，情侣们手牵手漫步花间，老人们则坐在树荫下，欣赏着周围的景色。

…………

按照规划设计，祁巷村要建一个以湖为主景的景区，然而现实却是，祁巷村并没有湖。多年的风雨历练，早已让丁雪其练就了处变不惊的本领，在他的提议下，村“两委”决定利用村子西南角紧靠菊花港的一片废地，挖掘出一个人工湖。

这片废地，曾是一处砖窑，多年的挖泥制砖使这里变成了一片低洼之地，水坑遍布，杂草丛生。当初分田到户时，因地形不利，即使按照10%的折率计算面积，也没人愿意接手这片土地，就一直荒废着。

在这里挖出一个人工湖，岂不是变废为宝！

起初，丁雪其只想挖个鱼塘、建几间木房，让游客来钓钓鱼，看看农村风光。当时，他南京的几位朋友来到祁巷村，看到村里高效农业做得不错，他们认可丁雪其的为人，也认定祁巷村是一个有开发潜力的村庄，就对丁雪其说：“你大胆做，没有资金我们来投！”这样一来，丁雪其有了底气，更有了决心。

挖掘工程由金辰公司负责，2011年初，公司组织了十几台挖掘机，开始夜以继日地施工。在挖掘过程中，他们还挖到了许多古老的生活用品和成箩筐的古钱币。这也为祁家巷《礼耕堂·丁氏族谱》中早年就有祖先在这里定居提供了新的佐证。

那边，挖掘机热火朝天地干活儿。这边，丁雪其等人正在为这处即将建成的人工湖起什么名字犯着愁。虽然村委会多方征集了一些名字，但总感觉差点儿意思，一直难以决定。

这一年秋，丁其全到浙江嘉兴南湖考察，南湖胜景、红船故事，让他灵光乍现，他把祁巷家谱、红色教育以及黄桥镇的红色旅游联系到了一起，心里琢磨：我们挖的人工湖虽小，但如果建设好了，它不仅景色宜人，而且也可以承载红色教育的功能啊！人工湖在村南，何不起名叫“小南湖”呢？既亲切又有内涵！

回到村里后，丁其全把自己的想法告诉了丁雪其，丁雪其也觉得这个名字有意义。经村“两委”讨论同意，这处人工湖将来就叫

“小南湖”，景区定名为“祁巷小南湖风景区”（2013年，更名为“黄桥小南湖风景区”）。

工地上有些地方挖掘机难以作业，需要人工挖掘，丁雪其和丁其全就亲自带着村民们下到坑底，挥动着镐头和铁锹，蚂蚁搬家一样刨土运泥，晴天一身汗，雨天一身泥。夜里暴风雨来袭，兄弟俩随便抓起一件衣裳披在身上，沿路叫上几个村民，赶到工地，用事先准备好的塑料布盖住挖掘出的堆成堆儿的泥土，防止泥土被雨水冲回去。等忙完了，大家互相看着，才发现自己早已成了“泥人儿”。

经过近两年的挖掘，小南湖初步成形。挖出的泥土有100多万立方米。这些泥土也没有浪费，在小南湖西侧堆起了颇具气势的西迎山，以及环湖而坐的16个小丘。丘丘相连，高低起伏，前后错落，虽为人工，但开放之后给游客带来了山水相依、重峦叠嶂的美妙体验。

小南湖完工后，继而与祁巷村母亲河菊花港相连，菊花港连通长江，小南湖有了活水，更有了灵气。金辰公司不断加大投入，增设景点，美化环境，四处收购名木、古树、大树移植到景区。公司还到河南的月季之乡，花费80万元购买8 000株月季花，建成两个月季园。这些月季花不仅花朵硕大，而且一株上可以长出多种不同颜色的花朵。一年四季，月季姹紫嫣红，引来游客驻足打卡。

如今的小南湖，杨柳拂岸，清波荡漾，水鸟翔集。湖边一棵百年古银杏，红绸缠身，彩带飘飘，上面挂着成串的同心锁。没错！它已经成了游客们的许愿树。由此往南，樱桃岭、柿子岭、枣子岭、梨树岭……各种果园一个挨着一个，离得老远，也能闻到花果的香味儿，令人心旷神怡。

小南湖周围，高大的香樟树和冬青树枝叶繁茂，青翠欲滴。沿着山间小路拾级而上，在高处择一处凉亭远眺，祁巷村全貌尽收眼底。顺着山道西行，又一山岭突兀而起，扶着陡峭的护栏而上，山顶别有洞天。宽阔的赏景台上也有一处凉亭，在凉亭内休息片刻，清风习习，鸟鸣幽幽，无比惬意。

景区及周边除了九曲桥、南山瀑布、大风车、春之韵茶庄、小南湖客栈等设计精巧、匠心独运的景点，还有真人CS、飞盘、卡丁车、碰碰车、碰碰船、跑马场、弓箭射击、激情漂流等游乐项目，每年吸引中外游客30多万人次，尤其是位于祁巷村东南的跑马场，更是名声在外。

2013年，小南湖风景区被评为江苏省第一批省级水利风景区。接下来的几年，“江苏四星级乡村旅游示范区”、全国“一村一品”示范村、“全国乡村特色产业亿元村”、“全国文明村”、“全国乡村旅游重点村”、“2019年中国美丽休闲乡村”……一块块金字招牌接踵而至。

现在的丁雪其，在工作之余，时常会到小南湖景区里走一走，听着阡陌之上的欢声笑语，看着游客们采摘、赏花、泛舟、骑马……再回想过去的艰难，他的心里百感交集：终是没有辜负乡亲们的信任。

坐在湖边，望着波光粼粼的水面，他内心平静，眼神坚定。他心里想：“湖水清澈，是因为长江的活水，祁巷村要长久发展，也需要‘活水’啊！”

⊙ 2012年，丁雪其（左三）在小南湖景区的施工现场

⊙ 小南湖景区（2021年摄）

民居变成农家乐

随着高效农业办得风生水起，S334省道又带来了交通上的便利，小南湖景区也初具规模，祁巷村的人气越来越旺。游客春来踏青，秋来赏景，周末节假日更是络绎不绝。人多了，需求就多了，买瓶水、吃个饭，有的甚至还希望在这里住上一两天，感受惬意的乡村生活。为了满足游客的需求，2012年夏，丁雪其把自家的房子进行了改造装修，建起了祁巷村第一家农家乐——“兄弟姐妹”农家乐。

随着游客数量的增加，“兄弟姐妹”农家乐逐渐无法满足接待需求。丁雪其思考着对策，如果大兴土木建酒店宾馆，一是投资大，二是会破坏生态，三是百姓得不到实惠，这显然不妥……村里的闲置房不少，这些人家都进了城，房子长期空着，装修起来做农家乐，这样既能增加他们的收入，也能解决部分村民就业困难，岂不是一举多得？

想到这里，丁雪其找到金辰公司，建议由金辰公司出资，将村民们闲置的房屋翻建或改造成农家乐，村民可以参股，或者出租拿租金，还可以在其中从事服务工作。

金辰公司采纳了丁雪其的意见，与闲置房屋主人逐一协商：改造成农家乐的房屋，金辰公司使用期限15年，15年后房子无偿交给户主，公司如果再使用，就得每年缴纳租金。户主们纷纷响应，他们说，这房子闲着也是闲着，时间长了不住人，还容易破败倒塌，倒不如交给公司打理。

改造装修之后，这些农家乐各有各的风格，金辰公司还为它们起了或文雅或朴素的名字，像南湖轩、文江轩、西林轩、西南风情、老兵轩、东北人家、强强人家……游客可根据自己的喜好进行选择。

村民丁栋圣已年过七旬，住在西林轩后面，他每天坐在堂屋内的木椅上，沏一杯清茶，静享晚年时光。西林轩就是金辰公司租用他家的院子建的，他没想到，在农村，老了竟能过上收租的日子。“每年租金10 000元，老伴在农家乐打扫卫生，每个月工资3 000元，我因为身体不好，不能再做工了，抽空去捡拾饮料瓶子。”话语间，丁栋圣满是知足和喜悦。

其实，丁栋圣并不是一开始就同意把院子租给金辰公司的，他和几个同龄的村民心里有顾虑，认为村里和金辰公司搞乡村旅游是瞎折腾，不会有什么结果。后来，看到来村里旅游的人越来越多，不少村民都得到了实惠，他们这些老人也彻底心服口服了。“现在村里环境好，农家乐每天客人很多，热闹得很。我们祁巷人，特别是我们老年人，不出村就能做工，就能挣到钱，不用再向儿女要生活费，而且还有结余……”丁栋圣说到这儿，笑得合不拢嘴。

农家乐的硬件设施建设完了，住的地方解决了，接下来就是吃。吃的要有特色，有特色才能吸引更多人来。丁雪其首先想到的就是“祁巷八大碗”。“八大碗”是祁巷村的农家特色宴，已有600

多年历史。相传，当年祁巷村先人来到祁家巷落户，把祁家巷从一片荒地建成了一个大型交易市场，他们独创出荤素搭配、颇具特色的“祁巷八大碗”，以招待来自四面八方的宾朋客商。“祁巷八大碗”，既有历史，又有特色，加以改造做成品牌，一定能征服食客的味蕾。

执行上还是由金辰公司操刀，经过反复讨论斟酌，结合传统的“八大碗”和现代人的饮食习惯，重新组合推出新“祁巷八大碗”，菜品有：红烧肉、黄鳝烧猪尾、清炒贵妃鸡、红烧菊花鲢鱼、老肝肥肠、卤水豆腐、红烧猪爪和祁巷老鹅。随着时令的变化，“八大碗”的具体内容可以做适当调整。

农家乐初具规模，各家有各家的特点，也有了统一的特色菜品“八大碗”，可丁雪其还不满意，毕竟之前村里和金辰公司都没有经验，能不能长久得到游客的认可还是个未知数。获得经验最快捷的方法就是借鉴经验，丁雪其和大哥丁其全又开始奔波起来，他们到浙江等地比较出名的农家乐考察学习。他们发现，农家乐菜品的质量良莠不齐，有的在食材选择上打折扣，有的在厨师选择上不过关，还有的价格贵却吃不到什么硬菜……兄弟俩琢磨了好一阵子，认为问题的关键在“后厨”，菜品的名称虽然一样，但每家的选材、口味、分量会存在很大的差异，对于游客来说，好不好吃全看运气。

如果能统一起来就好了！丁雪其一拍脑门儿，想到了“中央厨房”——由中央厨房统一选购食材，统一定价，统一烹制，客人们吃到的菜都是“中央厨房”端出去的，不就能保证“祁巷八大碗”的纯正口味了吗？这也避免了同行之间的恶性竞争。

⊙ 2022年，丁雪其查看水果基地草莓收获情况

如果你现在来到祁巷村的农家乐，会经常看到传菜员托着菜盘，在长廊里边小跑边吆喝："尊敬的客官，欢迎来到祁巷村，请让一让！"随后一阵风一样，传菜员就会把菜送到有需要的店里去。

丁雪其深知人才的重要性，他建议金辰公司一定要打造一支专业化的管理团队把农家乐经营好。在金辰公司负责人多次请求后，黄桥镇一酒店的大堂经理丁雨菊被请了过来做经理，同时金辰公司也聘请了几位有专业能力的人员参与管理。

2012年5月，祁巷村举办"泰兴市首届乡村文化旅游美食节"，虽然创办之初困难重重，但准备工作做得充分，开局就赢得了好评。

年过花甲的丁雨菊，精明干练，认真笃实，待人热情，在短短五六年的时间里，就把农家乐打理得风生水起，"祁巷八大碗"更是美名远扬，农家乐效益逐年上升。

现在来到祁巷村的游客，都要到农家乐品尝一下"祁巷八大碗"，不然，就感觉没真正到过祁巷。

2020年10月，黄桥小南湖农家乐，被评为"国家五钻级酒家"，这项荣誉的获得，填补了当时全国农家乐五钻级酒家的空白，使祁巷农家乐声名大振。除了让金辰公司统一化运营管理，丁雪其也鼓励村民自己创业，而且是让村干部带头，要先把路为村民们蹚平了，让村民们看到希望。

2020年夏，丁和平第一个响应号召，借了70多万元，把自己家里闲置的房屋进行改造，用了8个月的时间，开设起祁巷村第一家浴室和民宿。

浴室颇具规模，明亮宽敞，服务设施齐全。“祁巷村终于有浴室了，我们再也不用跑几里路到外边去洗澡了，这可是祁巷村几百年来没有的事啊！”村里几个老人感慨道。

民宿干净温馨，颇具年代感的木门、茶具，透着岁月的沧桑。偶尔从门前路过三两村民，乡音淳朴。夜里，身心疲乏的都市人伴着蛙声进入梦乡。

丁和平的浴室和民宿不仅满足了本村人和游客的需求，还解决了村里十几个人的就业问题，其中包括他自己的大儿子和儿媳等在内的四位聋哑人。有了丁雪其指路，丁和平引路，“祁巷村特色小吃”“亚琴小吃”“朵朵超市”“喜儿超市”相继开张，围绕旅游应运而生的各类服务、特色产品逐渐多了起来，村民们过上了在家就能赚钱的日子。

“无论是吸引外商投资，还是鼓励村民创业，最根本的就是要解决村民的就业问题。保就业，就是保稳定、保发展，只有发展好了，村强民富的路子才能越走越宽。”丁雪其回忆这一历程，感慨地说。

祁巷村农家乐等商铺的发展，带来了一系列的连锁效应。过去祁巷村的家庭矛盾主要就是赡养老人。丁雪其当时就认为，矛盾的根源就是一个“穷”字。可在今天，这类问题基本不存在了，因为祁巷村的村民不再“穷”了，祁巷村的老人不再像过去那样，花一分钱都需要向儿女要。他们有了自己的工作，自己也能拿工钱，不仅村里的妇女可以从事后厨和卫生服务工作，就连古稀之年的老人也有了生计。比如，农家乐香气四溢的油挞烧饼，就出自三位老奶奶——69岁的余兰珍、72岁的何凤英、75岁的李桂英之手，别看她们年纪大了，但干起活儿来，依旧精神抖擞，一天能做出300多锅烧饼。

“做烧饼有颇多讲究，要用草锅子的大灶，那样锅热得均匀些。火候要得当，火大了容易焦，火小了饼又不脆……”李桂英老人对一旁充满好奇的客人边讲解、边操作。说话间，烧饼出锅了，黄亮亮、香喷喷、脆嘣嘣，令人垂涎欲滴。她们摊的油挞烧饼有甜的、咸的、辣的……满足了不同游客们的不同口味。其中一个上了年纪的游客，一下子买了30锅烧饼。“几十年没吃到这么正宗的油挞烧饼了，多买些回去，让亲友们也尝尝。”这位游客满意地说。看到自己摊的烧饼深受顾客喜欢，三位老人成就感十足，忙得更起劲儿了。

祁巷村农家乐，因为决策正确，所以不断发展壮大，在餐饮行业渐渐有了名气，先后被评为“江苏省诚信旅游示范企业”“泰州市十强餐饮企业”……

在当今这个社会，酒香也怕巷子深，景好也要勤吆喝，为了继续扩大祁巷村的名气，丁雪其又想到了好办法。

村里的“时尚”杂志

文旅——文与旅，文化是旅游的灵魂，旅游是文化的载体。文化与旅游相生相兴，相辅相成。这些年，到各处开会、考察的丁雪其不仅积累了丰富的经验，更吸收了不少先进的理念，他深刻领悟到乡村文化振兴对旅游产业的重要意义。

丁雪其的哥哥丁其全、原为中学校长的丁国寿、泰兴日报社原副主编徐舒成在退居二线后，都被丁雪其请到祁巷村做顾问，一同为乡村旅游文化建设出谋划策，推进社会主义新农村建设。2012年11月初，丁雪其和这几个人商量，要把祁巷村的文化办出特色，为乡村旅游再加一脚油。

丁雪其的设想是搭建一个平台，使其在起到教育、引导本村村民提升文化素质的作用的同时，可以作为一张名片，起到推介祁巷村、吸引游客的作用。商量的结果是办一本杂志，杂志名字也想好了，就叫《美丽祁巷》。

村“两委”讨论后，决定成立“祁巷村群众文化研究会”（以下简称研究会），研究会是从事群众文化研究、培育和发展的群众性组织，德高望重、文化水平较高的村民都是研究会成员。研究会下设《美丽祁巷》编辑部，研究会成立的同时，编辑部也算成立了。

因为有两个重要活动都要用到《美丽祁巷》杂志，所以《美丽祁巷》杂志的第一期从11月初想法的提出，到出刊，用了不到15天的时间。

幸亏徐舒成在报社做过记者、编辑，有经验。他积极筹备、编写、校对，有时忙到夜里12点多，早上5点又起来工作，总算是赶在活动之前把杂志印了出来。虽然内容略显单薄，但毕竟是第一期，又仓促而就，实属难得。后期，他在实践中不断摸索，杂志内容也越来越丰富。

丁雪其经常对编写人员提要求，杂志要“接地气，才能聚人气”“好榜样，就像把人们召集到一起的钟声”“要坚持以美育人，以文化人”……这些业余的编写人员深感责任重大，但总听丁雪其说“感人的故事往往来自脚下的泥和眼中的光”，他们就特别注意走进乡亲们家里，走到田间地头，像记者一样去采访了解。回来之后，他们在键盘上敲下一个个感人的故事。

一次煤气管道铺设施工，损坏了村民喜儿家屋后菜园里的蔬菜，喜儿和施工队因此一直僵持，户长到了现场，说了一句：“你家是村文明家庭户，还上了《美丽祁巷》光荣榜，通上煤气是全村盼望的好事，你不配合有点说不过去。”喜儿顿时语塞，惭愧地让步了。

村民缪世寿，孩子上学急需钱，走投无路时，邻居丁才珠主动把自己的2万元私房钱借给他，并嘱咐他不要声张。可祸福难料，不久后丁才珠得重病去世了。诚实的缪世寿东拼西借凑足2万元主动上门把这笔钱还给了他的家人。缪世寿的事迹也登上了《美丽祁巷》，祁巷村文化艺术团还以此为原型改编了节目进行演出宣传。

2016年12月的一天，冷风伴着细雨，菊花港突然有人落水。在河里捕鱼的金辰公司职工徐文明、孙开元听到呼救声，奋力划船，将落水的78岁老人唐玉芳救起，并送到医院。这件事儿经《美丽祁巷》报道后，在祁巷村传为佳话。

《美丽祁巷》报道祁巷事，宣传祁巷人，也激起了在外工作的家乡人关注祁巷村的情怀。科技专家、中国特种空调产业领军人物王建明是祁巷人的骄傲，《美丽祁巷》两次专稿刊登他的事迹，王建明十分感动，拿出10万元支援家乡基础设施建设。金曼科技兼金豆子家居江苏有限公司董事长王渊，也是祁巷籍杰出人才，《美丽祁巷》把他作为“祁巷之星”进行专题报道。王渊为家乡有这样好的宣传平台连连称赞，主动拿出5万元作为办刊经费。

…………

《美丽祁巷》至今已连续出刊16年，报道了太多这样的故事，而且该刊鼓励村民自己写文章投稿。每年年底，《美丽祁巷》还会对上一年度村“两委”为百姓办的十件实事进行总结，向村民交出答卷。同时，公布下一年度村“两委”的十大民生实事。村民们外出务工，总要随手带上几本，外地人来旅游到农家乐就餐休息，会获赠几本，这让更多人认识、了解祁巷。

“《美丽祁巷》虽然只是我们农村人办的杂志，它不够专业，文章的质量可能也不高，但是它接地气，可以解决矛盾，可以宣扬美德，可以弘扬公德，还可以增强祁巷大家庭的凝聚力。”丁雪其就像说着自己的孩子，他可以包容它的不足，更能够看到它的优点。

⊙ 上图　2023年，丁雪其在田间检查大麦生长情况

⊙ 下图　2023年，丁雪其（右）和年轻干部在田间探讨新型水稻生长情况

宣传，并不等于自大自恋，并不等于沉醉在已经取得的成绩当中停滞不前，丁雪其的人生格言是“安于现状，只会畏缩不前；创新迭代，才能勇往直前”。

抓“小”再开新局

祁巷村的旅游事业进入了平稳期，按理说取得了这样的成绩，丁雪其已经是向祁巷人交上令人满意的答卷了，可他仍然不满足于现状。

在丁雪其看来，祁巷村的乡村旅游走的是大众化、低端化的路子，游客来祁巷观光、采摘和吃饭，并没有给乡亲们带来更多收益，而且近年来各个村庄都在做乡村旅游，祁巷村也面临着同质化竞争的压力。从哪里能找到村民收入的增长点呢？丁雪其又开始了新的思考。

2013年夏，在一次讨论会上，一直从事教育工作的丁国寿启发了他。丁国寿说：“要发展乡村旅游，必须抓住一老一小。老，就是办养老院，祁巷村可以利用现有的自然资源办高档养老院。小，就是办青少年学生实践基地。教育部早已发文，各地创办的学生实践基地经验收合格，还可以拿到奖励。我们江苏已经办了20多家，而泰兴、泰州至今一家都没有……”

一语惊醒梦中人。对市场一直有着高度敏感的丁雪其当即表态："那咱们就从'小'入手，办学生实践基地。"会后，他立即安排人员起草报告，以村委会和金辰公司的名义向上级部门呈送。经过一系列的程序，2013年秋，报告审批通过，祁巷村将前行的方向调整为综合培训与拓展训练，目标群体是充满朝气与活力的青少年。

拿到批文后，大家在高兴的同时又犯了难，一无资金，二无项目课程，三无器械设备，四无师资力量。基地该怎么建？又该怎么运营？没有一个人清楚。"不知道怎么办，就出去学！"刚刚退休并在村里担任顾问的丁其全主动站了出来，带上几个村干部马不停蹄地到张家港、吴中、常熟、南京、上海等地参观考察。大家走一路，学一路，思路越来越清晰。泰兴市教育局也组织了13所中小学的校长去张家港、如东参观学习。回来之后，校长们在祁巷村召开座谈会，为基地出谋划策，集思广益，形成了初步方案，这13所学校也成为基地首批联谊学校。

丁雪其平时工作繁忙，身体又不方便，他把实践基地的建设和后期的运营工作全都委托给了哥哥丁其全。丁其全虽然已是花甲之年，但为了家乡的建设和发展，义无反顾地承担起这个重任，带着金辰公司热火朝天地干了起来。

基地利用已有资源，将小南湖风景区内30亩土地打造成农耕种植实验园，被13所学校认领，结合季节更替，开设相应的农耕课程。初夏，教学生搭豇豆、丝瓜棚子；秋天，教学生收花生、挖山芋……没有老师，就从村里挑选能讲解指导学生操作的老农口传身教；没有餐厅，师生就手捧盒饭，席地而坐；没有宿舍，就在空地搭起几十顶帐篷……基地就这样艰难起步了。

⊙ 2020年，丁雪其（中）在祁巷村村委会会议室与小学生交谈

⊙ 2021年，丁雪其（左一）在祁巷村村委会“丁雪其书记工作室”与孩子们交谈

2014年春，泰州市首家青少年实践基地“泰兴市青少年活动中心”在祁巷村建成了，并接待首批前来实践培训的泰兴襟江小学师生。可是，在接待的前一天，基地却遇到了一个小插曲。学生的住宿区应该配备的设施和物品在接待前一天傍晚才到位，800张床位需要铺设，室内物品也需要摆放，只剩下一个晚上的时间，恐怕难以完成。

“要不和学校商量一下，推迟时间？”有人提议。

“不行，基地刚成立就给人留下不讲信用的印象，怎么让别的学校也来！”丁其全思考了片刻说。他立即拿起电话求助姐姐和妹妹，让她们找人过来帮忙，并和金辰公司全体员工一齐上阵，众人一夜没有合眼，终于在学生入住前全部布置完成。

襟江小学师生完成了三天两夜的体验，对基地给出一致好评。随后，泰州、泰兴两级教育局纷纷将祁巷村认定为“青少年社会实践基地”。2014年，基地接待学生6 000人次。

“头一年很难，基地知名度不高，外面很少有人知道我们这里有个实践基地，我们就靠着关系，厚着脸皮，磨破嘴皮求人家来，第一年来的学校很少。”丁雪其停顿了一下，接着说，“但是，我们坚持做好服务，来过的人的好评就是最好的宣传。”

2015年，基地与专门从事素质拓展训练的苏州畅行拓展公司合作，引进了设备器材、课程项目和教员队伍。当年，接待学生就达到了3万多人次。2016年，接待人次翻番，达到6万人次。

正如丁雪其所说，不管来的人多少，基地从开始就注重管理和服务，在管理上专业规范，在服务上热情周到，凡是来过的学校都给出了好评，一传十，十传百，祁巷村的实践基地逐渐被外界所知。

在村委会全力支持下，金辰公司先后投入6 000多万元资金，相继建成国防教育馆、公共安全训练营、科普教育馆、急救常识体验馆、消防教育馆等实践场馆，更有学生住宿区、餐饮区与之配套，还开设了农耕实践园、素质拓展园、生存能力体验园和娱乐活动园等场所，开发了主题文化、实践操作、素质拓展、创意设计、趣味活动5大类30多个实践活动项目，并形成了自己的特色课程体系。

2017年初，基地被泰州市教育局认定为泰州市唯一的学生实践基地，挂牌“泰州市青少年综合实践基地”。金辰公司再次投入600余万元，新增了设施设备，完善了课程项目建设。2018年5月，基地又挂牌“泰州市学校安全实训基地”，专门就学校安全教育对泰州市教师、学生进行实操训练。当年，参训教师达到近7 000人次，在此接受安全实训教育的学生达到10万人次。

“泰州市学校安全实训基地”的建成，又为这个曾经贫穷落后的村庄插上了腾飞的翅膀，祁巷村的发展如骏马奔腾般驶入了快车道。就在2017年的10月，乡村振兴作为国家战略，在党的十九大报告中被提出。祁巷村也将乘势而上，继续迈出向前发展的步伐。

2019年以来，祁巷村乡村振兴学堂、雁阵干部学院相继成立，吸引了来自五湖四海的培训团队达40余批次。更值得一提的是，祁巷村与张家港永联干部学院、华西干部学院、泰州及泰兴市委党校等单位携手合作，共同为乡村振兴事业源源不断地注入活力。

2019年，基地累计接待学生超过12万人次。其中不仅有来自泰州地区的学生，还有来自青海、南通、常州、南京，甚至海外的学生。当年，祁巷村的产值高达4 000多万元，不仅带动了300多人就业，更使很多村民年收入达到10万元以上。

数载打拼，祁巷村实践基地已实现弯道超车。基地占地近4 000亩，校舍面积达4万平方米，室外拓展、军事训练营等实践区18个，室内操作室23个，可同时容纳2 000余名学生参与各类实践训练活动。餐饮区设于农家乐内，能一次性接待2 000余名学生。更有军营式住宿设施，可同时接纳1 600名学生入住。如今的祁巷村实践基地，已成为集学习、实践、休闲为一体的综合性教育基地。基地先后获得“全国中小学研学培训基地”“江苏省应急消防科普教育基地”“江苏省学校安全教育示范基地”等荣誉称号。

“其实，这些荣誉的背后，有很多辛酸是常人看不到的，只有我们自己知道，这些年，我大哥丁其全替我承担了很多，他退休了，本来可以颐养天年，却还在为家乡做事情，这种精神也感染着我。”回忆着这些年的磕磕绊绊，丁雪其感慨道。

穿一次新四军服装；

举行一次升旗仪式；

观看一部红色电影；

体验一回特色田园乡村游；

开展一次与先进人物的互动；

亲手制作一次黄桥烧饼；

参加一次安全实训。

⊙ 2023年，丁雪其（前排）与南京邮电大学学生在祁巷村欣赏墙绘

从乡村旅游到拓展培训的转变，既是祁巷村一次质的飞跃，也是一次华丽转身。丁雪其在一次经验分享会上总结道，学生在祁巷村实践基地，可以做到以上“七个一”，正是这“七个一”，让无数老师和学生喜欢这里。

对于祁巷村而言，如果说，第一个从无到有的小南湖项目，历经10年磨砺，成功打响了祁巷品牌，那么第二个同样从无到有的拓展培训项目，则只用了短短5年，便激活了祁巷村的经济活力，展现了其强大的发展潜力。

尾声　老骥之志

问：您现在企业的运营情况如何？

我一直不愿意回答这个问题，因为我当年只要用5年的时间，就可以拥有上亿资产，20多年来，我的精力基本放在村里，委托别人打理企业，经济效益一直下滑，到2019年，企业年产值只剩1 024万，财富缩水了75%。

问：您放弃了拥有上亿财富的机会，选择当一名普通的村主任，您后悔过吗？

当然后悔过。但看到祁巷村美了，村集体和村民富了，让我比拥有上亿资产心里更美更甜！

这是丁雪其在接受媒体采访时的一段对话，20多年来，他缩水的财富变成了祁巷村的青山绿水，变成了游客的络绎不绝，变成了村民们脸上满足的笑容……

这些年，在丁雪其的带领下，乡亲们共同努力，祁巷村先后获得“全国文明村”“全国乡村旅游重点村”“中国美丽休闲乡村”“国家森林乡村”“全国生态文化村”“全国中小学生研学教育示范基地”等荣誉。这些荣誉向人们展示着这座小村庄的不凡实力。

丁雪其的个人荣誉也不计其数，从江苏省劳动模范到“中国好人”，从残疾人创业明星到“吴仁宝”式优秀村党委书记……每一项荣誉都是对丁雪其的肯定和鼓励。

2020年11月，丁雪其被评为全国劳动模范。24日，表彰大会在北京人民大会堂隆重举行。在欢快的乐曲声中，丁雪其接过了荣誉证书。他的耳边至今还回荡着习近平总书记在大会上对全国劳动模范的赞扬之声：

> 特别是进入新时代以来，我国工人阶级和广大劳动群众在实现中国梦伟大进程中拼搏奋斗、争创一流、勇攀高峰，为决胜全面建成小康社会、决战脱贫攻坚发挥了主力军作用，用智慧和汗水营造了劳动光荣、知识崇高、人才宝贵、创造伟大的社会风尚，谱写了“中国梦·劳动美”的新篇章。

表彰大会结束后，有记者在人民大会堂前采访丁雪其，问他的心情和接下来的打算，丁雪其难掩激动地说：“作为一名普通的农村基层干部，能够出席全国劳模表彰大会，我内心十分激动。在今后的工作中，我将进一步发扬劳模精神、劳动精神、工匠精神，把个人的人生追求与党和国家的伟大事业融为一体，把祁巷村建设得更加美好，为泰州高质量发展贡献光和热。”

已到花甲之年的丁雪其，身体也逐渐出现了异样，糖尿病让他长期服药，心脏病让他做过两次心脏支架手术，这给本就行动不便的他带来了更多的身体压力。有人说：“雪书记，你为村里做了这么多，取得的成绩也可以了，该歇歇了。”但丁雪其仍然没有放下

⊙ 丁雪其被评为全国劳动模范的留影（2020年摄）

担子的想法，他觉得荣誉越多，责任就越大，他还要在有生之年，为祁巷村进行“二次创业”。

2020年，丁雪其通过自己的人脉，动员当地一位投资者，到祁巷村投资2 000多万元，建设“乐享果玩”项目。该项目占地130亩，种植了石榴、蜂蜜王、蒙阳红、樱桃、金果梨等10多种精品水果，构建起景观与经济效益融合发展的果蔬采摘基地。至2024年，已经形成了规模化种植和销售。

对于祁巷村未来的发展，丁雪其仍然信心十足，他说，小南湖风景区和实践培训基地，是祁巷村的两个“无中生有”，他要用5年的时间，再打造第三个“无中生有”的新祁巷。

经过招商引资，祁巷村与辽宁一家集团公司签订了合作协议，该公司计划投资7亿元，用地200亩，在祁巷村投资建设“黄桥奇幻水世界”项目。这种项目在全国范围内都不多见，共分古镇迷情、醉美村坞、荷塘月色、失落海洋、欢乐水乡五大区块，规划建设水上过山车、大喇叭滑道、巨洪峡、巨浪池、投影秀、沉浸式情景剧场、巨兽碗、飓风眼等一批拥有自主知识产权的娱乐项目。

项目建设完成后，预计年接待游客将达到80万人次以上，年收入将达到1.5亿元。2024年初，首笔土地保证金200万元已经到账，项目建设正在按计划推进。

其实，可能很多人并不了解，“黄桥奇幻水世界”的投资公司位于辽宁，这家公司之所以千里迢迢到祁巷投资，一方面是认可祁巷村的亲商环境，但更重要的是敬佩丁雪其的真诚与敦厚，公司的领导曾经这样说：“到祁巷投资，我就是奔着丁雪其来的！”

祁巷村已经变成了远近闻名的“网红村”。2022年9月，第五

⊙ 2021年，丁雪其（右）在“乐享果园”项目基地查看水果生长情况

届中国农民丰收节江苏主场活动举办地设在了祁巷村，这是江苏省首次将省级主场设在苏中地区。这对于祁巷村来说，无疑是莫大的光荣；对于丁雪其来说，这又是一次改善村里环境的重要机会。“祁巷村似乎换了崭新的衣装，从来都没有这么漂亮过。”村民们看着焕然一新的村容村貌，连连称赞。

会场主舞台设在祁巷村头，通往主舞台的道路两侧是一个个农副产品展示摊点。“这是我们村的五谷杂粮，里面有小米、芝麻、红豆、绿豆和麦仁儿，很受市场欢迎。”丁雪其抓住这个宣传祁巷村的机会，不断向来往的游客推销。

走过的风景，永远是过去的美丽！

当说起祁巷村以及他个人取得的成绩时，丁雪其时常这样说：“不沉浸在过去的荣耀里，永远向前看，努力去争取，不断创造，勇于创新。”这是丁雪其在乡村振兴中总结出的金石之言。

他的眼前正展现着一幅“苦战五年，再造一个新祁巷”的宏伟蓝图。

祁巷村，这片古老而又现代的土地，一砖一瓦都低语着过往的岁月。它的故事，如溪水般缓缓流淌，滋润着每一个人的心田，又似山间的清风，轻拂着每一寸土地。

丁雪其，这片土地上的灵魂人物，他用自己的勤劳和智慧，带领村民们共同奋斗，建设了一个美丽而富饶的家园。他的故事，宛如一曲激昂的战歌，在祁巷村的上空回荡，激励着人们不断前行，歌颂着属于这片土地的辉煌篇章。

祁巷村的故事还在继续，

丁雪其的故事还有续章……

⊙ 2022年9月，丁雪其（中）接受第五届中国农民丰收节组委会授牌